私小説 RND 輪土 第六話

うちなーへの旅・沖縄

JN170840

日々道中膝栗毛 vol.05

志川 節子

旅仕度

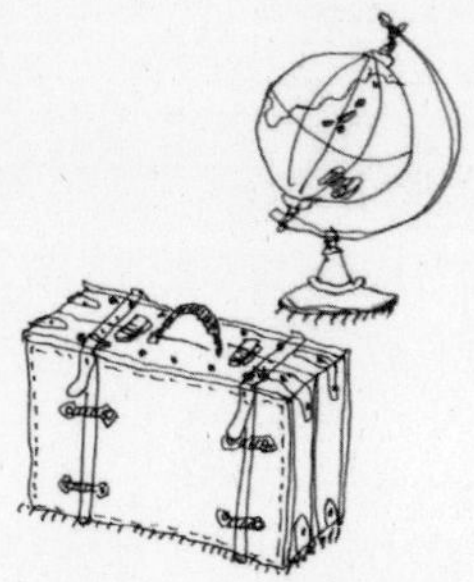

旅の支度をしている。

家人の仕事の都合で、外国に住むことになったのだ。といっても、滞在は一年半ほどの予定で、少し長めの海外旅行みたいにとらえている。

夏服と冬服は、どれくらいの割合で持って行けばいいんだろう。日本の食べ物が恋しくなったら、何を作ろうかしら。その国の歴史は、習慣は、信仰はと思案を巡らせ、必要な品をまとめているうち、ふと思った。

これって、小説の構想を練る作業に似ているな――

新しい物語を立ち上げる際、人それぞれに流儀があるのだろうけれど、私は設定を細かく詰めていくほうだ。

いちいち上げるときりがないが、たとえば主人公の職業や、どんな家に住んでいるか、食べ物の好みといったこと等々。それらが決まると、その人物にふさわしい商売道具や着物、髪型、身の回りの品々が浮かび上がってくる。

仮に男やもめの錺職人であれば、九尺二間の長屋暮らし、四畳半の片隅を仕事場にしている。月代にはまばらに髪が生え、膝の擦り切れた股引に半纏姿で細工台に向かう。台所の流しには昨夜の酒を呑んだ茶碗が転がり、壁際の蝿帳には相店のかみさんが差し入れてくれたお香こが入っている、という具合。つまるところ、登場人物が物語の結末まで生き抜いていけるよう、旅支度をととのえてやるのだ。

小説を書きながら、私は物語の主人公と江戸の町を旅している。わざわざ宿を予約したり、乗り物で移動したりしなくても、日々の中に旅が溶け込んでいる感覚が、常にある。

人生は、よく長い旅に譬えられる。ただ、その旅は始点から終点へと至る大きな流れというだけではなくて、小さな旅の連なりで成り立っているのではないかと、このごろ思う。何というか、うまい表現が見つからないのだが、日常のささやかな旅どうしが結び付き、繋がり合って、その人ならではの道程が形作られていくんじゃないだろうか。

旅の支度と小説の下準備が似ているとはいえ、似ていないところも、もちろんある。

小説みたいな虚構の世界では、結末がある程度定まっていて、主人公は筋道に見合った装備を駆使して前進していくが、生身の人間が経験する旅は、次に何が起こるか読めないし、どれだけ備えを厚くしようがまったく役に立たないこともある。

先のわからないわくわく感や心細さこそ、生身の人間に与えられた旅の醍醐味かもしれない。

渡航先のガイドブックは手に入れた。思いつく限りの品々も支度した。そうして、私は粗筋のない道を走りだす。

さて、どんな旅になりますことやら。

しがわ せつこ 小説家　71年、島根県生まれ。93年、早稲田大学第一文学部を卒業。03年に「七転び」で第83回オール讀物新人賞を受賞。著書に『手のひら、ひらひら 江戸吉原七色彩』(文藝春秋)。2013年『春はそこまで 風待ち小路の人々』(文藝春秋)で第148回直木賞候補。

もくじ

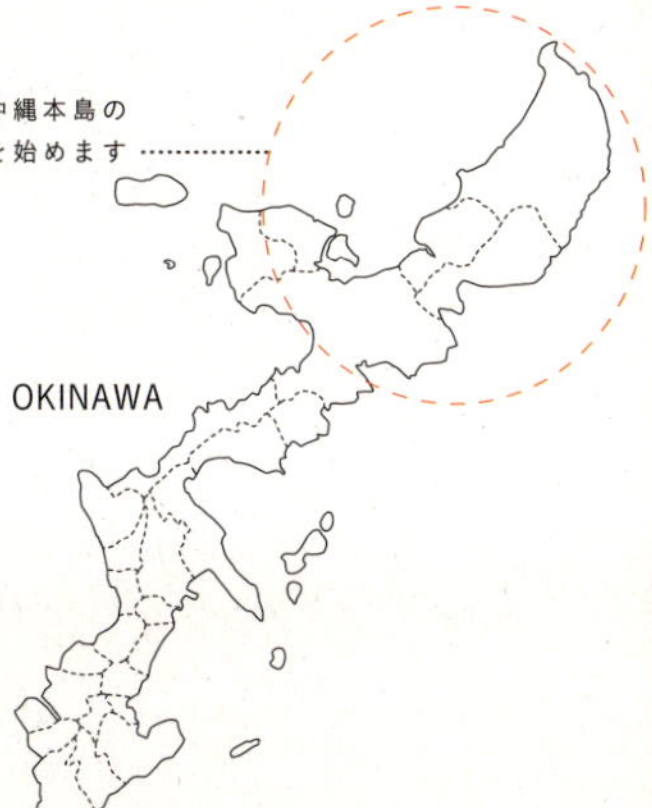
今回は沖縄本島の
北部エリア「やんばる」から旅を始めます
OKINAWA

ちむうらーきゆん

第六話. うちなーへの旅_沖縄

ふくろうの夜

街灯一つない、闇に包まれた林道を進むと、曲がりくねった道の先に、赤い灯りがぽつんと見えてきた。行き止まりの空き地に停めた車から降りてきた男女四人組のうち一人がふと空を仰ぐ。南国の夕刻とはいえ、年の暮れも差し迫った冬の、しかも深い森の奥だ。木々と空の境界に目が慣れるまで、まばたきを数回繰り返さなければならないほど、闇が辺りを覆っていた。

「こんばんはー」

慣れた様子で靴を脱ぎ、先人をきって扉を開けたのは四人のなかでもひとまわり体が大きい吉本淳(すなお)さんだ。手前のテーブルではグラスに注がれた赤ワインを手に、店の主が先客となにやら楽しそうに話し込んでいる。窓際には多種多様なふくろうの置物がところ狭しと並び、どこか懐かしさが漂う山小屋のような雰囲気だ。淳さんに続く三人は店内を物珍しそうに見まわし、誰かの別荘に招かれたような感覚に包まれていた。

「あら、淳さん、いらっしゃい」

カウンターの奥から、上品なご夫人が顔をのぞかせる。淳さんのおいでおいでに吸い込まれるように一行は、一番奥の広いテーブルに席を陣取った。

「時子さん、この人たち、しっかり飲むからねー」

「ええ遠慮なく飲みますよ。生ビールあります？ ジョッキで3つ、お願いします」

大将は早速ママにビールを注文している。

「時子さん、僕ウーロン茶ね」

「あれあるよ、アルコールフリーのビール」

「いやいやいやー、匂いで酔っちゃうから」

アルコールが体質に合わないらしい淳さんはお酒を一滴も口にしない代わりに、いつも送迎役を買って出ている。

ほどなくキンキンに凍ったオリオンビールのジョッキ3つとウーロン茶が運ばれてきた。

「乾杯っ！」

「そうだ、時子さん、この人たち東京で雑貨屋さんやってるんだけどさ、沖縄のものを仕入れながらあれこれ取材して、沖縄の本もつくるんだって。やんばるの良いところも紹介してくれるんだってさー」

「あら、そういいわね」と相づちを打つ時子さんに、大将こと前田、瀬上、エリがひとことずつ挨拶する。

「前田さん、ここはね、マスターと時子さんご夫妻でやってる店なんですよ。隠れ家的でしょ。自家製の燻製料理がおいしいですよ。時子さん、とりあえず山豚の燻製と唐揚げね、あと、瀬上さん何にします？」

「ふーちゃんぷる、食べたいな」

「はい、ちょっとお待ちくださいね。淳さん唐揚げは定食じゃなくておつまみでいいの？」

「うん、つまみでね」

オーダーを受けて、時子さんとマスターはカウンターの中に入り、料理の準備に取りかかる。窓側の席では子供を含む家族が、その後ろの席では常連らしき夫婦が食事をしていた。

「いやぁ、久しぶりですねー、何年ぶりになるかなぁ」

淳さんはあらためて三人と向き合い、笑顔で話しかけた。

「こっちへ来る前に、あの時の冊子を引っ張り出して見てたんだけどね、2007年だったから7年ぶりかなぁ」

「あー、東村（ひがしそん）へ取材しに来られたのは2回目の時でしたね。でも最初は大所帯でカヌー乗りに来てくれた時でしょ、そうか……あぁ思い出しましたよ。僕らが組織を立ち上げてちょうど一周年の頃だ、9年も前ですかねぇ。前田さんたちが初めての団体客だったんだ。あの時の写真、まだありますよ」

「そうだった、カヌー乗った後、スタッフみんな酒を飲まないからって、なぜか俺が泡盛をもらったの覚えてる」

「前田さん、相変わらず呑兵衛なんだねぇ。実はあの時の組織は事情があってもう無いんだけど、僕はいま、村の推進協議会で観光推進の活動をしてるんですよ」

東村、大宜味村（おおぎみそん）、国頭村（くにがみそん）の3つの村では、それぞれに連携しながら都市の子供たちを受け入れて、一次産業である農家の生活スタイルを体験する「民泊」が盛んだ。その受け入れ校数は年間約70校にも及び、沖縄各地でも民泊は増えてきつつある。観光業は、農村である東村にとって本業をサポートする重要な収入源で、淳さんはその推進協議会の理事長を務めていた。

「エコツーは無くなっちゃったんですか」

エコツーとは淳さんが当時代表を務めていた事業組織の名前で、慶佐次（げさし）のマングローブ林でカヌー体験をさせてくれる、エコツーリズムサービスのことだ。

「民泊が一気に伸びちゃったもんだから、カヌー体験は陰に隠れちゃってるんですよ。でも天候に左右されずに体験できるマングローブ林は安心、安全で人気も高いですからね。なにより僕が生まれ育った東村は、雄大なやんばるの自然そのものが貴重な財産なんです。来年からは質をもっと高めようって、カヌーにも力入れて複合プログラムで提案しようって話してるんですよ。あ、もう一杯頼みます?」

既に三人は一杯目を飲み干していた。

「あぁお願いします。俺と瀬上は生おかわり。エリはワインか」

「そうですね、わたしは白ワインで」

大将にエリと呼ばれたのは、雑貨屋のスタッフで今回は取材のアシスタントとして旅に同行している。

「あれれ、赤しかありませんね?」

メニューを開いたエリは、白という文字を探すように人差し指を彷徨わせてる。

「白? 無いねえ。沖縄ではね、ワインといえば赤のことなんですよ。酒屋でもほとんど赤。そういえば何でかな」

淳さんとママは顔を合わせて首を傾げている。瀬上は「へぇ、赤っていかにもワインでございますって感じだからかしら」となにやら、よくわからないことを呟いている。

「まぁ赤でも飲めればいいんじゃないか。ママ、赤をグラスで」

大将が注文すると、マスターがとぐろを巻いたハブ酒の瓶から黄金色の液体をショットグラスに注いで、赤ワインと一緒にテーブルまで運んできた。

「はい、これはわたしのおごり、ハブ酒ね。43度だから」

「あらら前田さん、大丈夫? 寝付けないかもよ」

大将はショットグラスを握ったままカウンターまで近づき、大きく口を開けたハブがとぐろを巻いているのをマジマジと見て、なにやら叫んでいる。

「ヤマトの人は飲めるかしらね。これ栄養剤なのよ」

意外と旨いです、ありがとうと言いながら席に戻ってきた。

「コレ飲んでるからママ若いんだ」

「まぁ、褒めても何も出ませんよ。はい、これ山豚。琉球の猪豚ね。あ、そうだパインワインなら白いけど、いまわたしたちが飲んでいるのでよかったら飲む? ほら、入れましょね」

返事をする前にボトルからパインワインがグラスに注がれた。黙っていると次々とおまけが出てくる。こういうところはいかにも大らかな沖縄らしい。

酒が入ることで場は和やかな空気になってゆく。互いの近況を報告し合った後、うちなーぐちの話や昔話などに花が咲いた。

「そういえば、自分の実家もパイン農家だったんですけど、やっぱりいまも変わらず東村はパインの村なんです。最近、民泊って全国的にも流行ってますけどね、うちはパインの農業体験とかを子供にさせてるんですよ。東村は派手さは無いけど元気だし、みんな協力的で一致団結する村なんです。でね、その民泊が評価されて、今年は農林水産省のオーライ! ニッポンのグランプリを受賞してね、この間、東京の帝国ホテルへ表彰式に行ってきたところなんですよ」

「へぇ凄いじゃないですか! それ、確かニュースで見たな。そこに淳さんが出席していたなんて知らなかったよ」

式典のことを嬉しそうに話す淳さんに、笑い声がテーブルを包む。ママが湯気の立つ唐揚げを運んできた。

「じゃ、いまは多忙でエコツー事業を休んでるんだ」

明るく穏やかな気質の淳さんが少し考え込むようにしてから口を開いた。

「僕ね、人生一回終わってるんですよ、正直」

大将と瀬上は、えっ? と小さく声を上げた。

「エコツーは先輩と一緒に始めたんです。その後、莫大な借金して先輩、というか社長はお客さんが泊まれる宿を始めたんだけど、その連帯保証人になっちゃったんですよね、僕。事業が

ねてるー

破綻して、社長は雲隠れしちゃって、もう人間不信ですよ。ホント、こんなして生きてた」

がっくり肩を落とすジェスチャーをして、その先を続ける。

「もう顔を上げられませんでしたよ。頭じゃ分かっててもなかなか笑えなかった。でもね、しばらく経った時、ある人に救われたんです。経営コンサルタントを生業にしてる常連のお客さんでね、『淳くんさー、いろいろ大変だろうけど、やくざから金借りてるわけじゃないんだから命までとられないよ。開き直って生きろよ』って。それがね、不思議とすとーんと胸に落ちたんですよ。その後もいろいろ面倒見てくれて、お前の人間性が好きだから、その時がきたら恩を返してくれよって、檄を飛ばされて。それでようやく表に出て行こうって思えたんです。で、そんなタイミングの時に『観光の理事長をやらないか』って、僕の背中をぽんって押してくれたのが、この村の人たちなんですよ、信じて進めって。神様はいる、真っ直ぐ生きてたら必ず救われるって思いましたね。人間は強そうで一番弱い生き物ですよ。それで表へ出てったら、みんな待っててくれてた。それがつい、半年位前のことです。40過ぎてようやく分かったのは、言うべきことは言えばいいってこと、それが唯一の成長ですよ。イエスマンだったんですよ。断りきれない自分がやっぱりいたから」

そこまで一気に語ると、一息つくようにしてグラスに手を伸ばし、ジョッキのウーロン茶で喉を潤す。

「そんな大変なことがあったんですか。今日お会いできたのは、本当に凄いタイミングだったんですね」

エリは少し目を赤くしている。

「そう、瀬上さんから今回の旅のお電話いただいたでしょ。あ、これも縁だなって思ったの。こんな再会が最近本当に多いんです。思い切って表に出た方が自分の生き方に合ってた」

そもそも大将がこの沖縄への旅を計画したのは、遡ること一年も前のことだ。これまで幾度となく訪れた沖縄で会った人々、新たに会いたい人をリストアップして、綿密に旅程まで立てていた。9年前に初めて会った時、東村を盛り立てようと熱かった淳さんも、当然リストに含まれていた。それがいざアポ取りをする直前に大将のいつもの気まぐれ、いや直感で——瀬上も当初は半信半疑でいつも振り回すだけ振り回す大将に内心悪態をついていたが、意外にも当たる大将の直感をいまでは信じている——旅先を変更することとなったのだ。そんな些細な出来事でさえ、いまあらためてこのタイミングで淳さんに再開できたことの伏線に思えた。

「ホント、縁ですね。1年前にこの旅を決行していたら淳さんと再開できなかったかもしれませんね」

「1年前はまだ腹くくってない時期だったですね。電話もらっても出られなかったかもしれません。いまここでもう一回原点に戻って、来年からはエコツアーに対して本腰入れようと思ってるんです。僕はね、カヌーがあったから、こうして気持ちをフラットにして生きていられる。息子もね、おっとうが頑張るなら俺も協力するよって言ってくれて」

「俺らも、できることは何でも協力しますよ、なぁ」

「もちろんですよ。わたしたちカヌーで感動したイメージしかないですもん」

東村の有銘（あるめ）湾から出発して、少し恐怖心を抱えながらぎこちなくカヌーを漕ぐも、外海へ出た時のなんともいえない開放感、慶佐次のマングローブの森を分け入って行く時の胸が高鳴る感覚、それらを瀬上はありありと思い出していた。

「来年から復活しますよー。面白いですね人生って、みんなして後押ししてくれるから前向きになれますよ。もう簡単に逃げられないしね。『なんくるないさ』ってよく言うけど、それはどうしようもない時があるから言える言葉なんだってあらためてよく分かりましたよ。八方塞がりで出口が無いって思ってる時期は、なるようにしかならない。この言葉に救われました」


何かがふっきれた表情の淳さんは再びジョッキをグイッとあおった。


「ところでみなさん、明日からどこ回るんですか」

「いくつかは予定を決めてアポはとってるんですけど……、わたしたち、いつも成りゆきなんですよね」

ここへ行くんですと、瀬上は地図を見せて説明している。

「そうだ淳さん、大宜味の酒蔵に行きたいんだけど知ってますか」

大将がいうやいなや、あっと思いついたように淳さんは傍らにあった携帯電話を手にとって住所録を検索している。

「ちょっと待ってね。昨日会ってた自分の先輩のおじさん、大宜味村のまる田っていう泡盛つくってたよ」

「本当ですか！　それって本島最北端の酒蔵ですよね。年末だし、アポどうしようかと決めかねてたんですよ」

淳さんは既にコール音を待っていた。

「あ、先輩？　淳です、昨日はどうも。先輩のさ、おじさんって泡盛つくってるよね。いま東京から酒蔵を取材したいって人たち来てるの。うん、そう、やんばるの良いもの紹介したいんだって。明日行ってもいいかな？」


早くも、明日の午後の予定は決まった。


時子さんがにこにこしながら、これ季節じゃないから酸っぱいだけかもしれないけど食べてーと、またおまけの一皿をテーブルに運んでくれた。季節外れのパイナップルだというが、充分に甘い。そうエリが告げると淳さんは笑った。

「ハハハ、これで美味しかったら、夏のパインはもう最高ですよ。芯まで甘くて独特のうま味があって」

横の席では、瀬上がマスターに『森のふくろう』という店の名の由来を聞いている。

「この森はね、フクロウが鳴くんですよ。『森のふくろう』っていうフォークソングがあってね、さっき後ろに居らした方はその作詞家さん。いつもここへ来てはフクロウ鳴いてるねって、歌をつくってくれたんですよ」

ふと気づくと、いつのまにか先客たちは店を後にしている。すっかり長居してしまったことをマスターと時子さんに詫びて四人は席を立った。店の外へ出ると、やんばるの闇は来た時よりも一層色濃さを増しているが、森の隙間からは仄かな月明かりが感じられる。森のフクロウは「コッホー、コッホー」と鳴くよとマスターが言うから、三人は耳を澄ませてみるものの、そこは絶滅危惧種だというリュウキュウオオコノハズクのこと、タイミングよく鳴いてくれるはずもなく、いつまで経っても声が聞こえてこない。今日のところは諦めよう、と車に乗り込んだ。

「おかえりー」

「あ、これ女房の恵理子です。僕と違って飲める口ですよー」

今晩から2日間お世話になる吉本家には、ログハウス風の別棟がある。こちらへどうぞと導かれて足を踏み入れた大将は、一気に記憶がフラッシュバックする。

「ああ、思い出した、改装しているからすぐには分からなかったよ。前に来た時も12月で寒くってなぁ。ここでストーブに当らせて貰ったよね」

さっきから奥でゴソゴソと何かを探していた淳さんが、写真ファイルの束を抱えてテーブルに帰ってきた。

「昔のアルバム、全部とってあるんですよ」

恵理子さんが名護の地酒、龍泉(りゅうせん)をグラスに注ぎ、みんなで再びの乾杯の声をあげる。龍泉というのは恵理子さんの親戚が営むという泡盛の蔵元だ。

「前田さん、この写真若いね」

「吉本さんもね」

これもよかったらどうぞと差し出されたのは、タッパーに入った自家製サーターアンダーギーだった。食べやすい一口サイズで甘さも控えめで、酒の肴(むしろ泡盛の)にもなる。

「わたしは初めてなんですよ、沖縄本島。でも飛行機降りてびっくりしました。ニトリやイオンも普通にあるし、那覇って都会なんですね」

サーターアンダーギーを頬張りながら、どうやらエリは中心地の街並がどこか腑に落ちなかった様子であるが、首を傾げながらも2つ目のアンダーギーに手が伸びている。

「そうなんですか。那覇にはたまにしか行かないし、意外と本土の人の方がいろいろ知ってるんだよね、恥ずかしいけど」

「そういうもんですよね、わたしも18で故郷を出ちゃってるから意外と島根のこと知らないし。気持ちが分かります」

随分と上機嫌な瀬上は、すっかり気に入ったらしい泡盛の杯をちびりちびり傾けていた。

「東村はこのままでいいんだって言われた」

「富山からしょっちゅうに遊びにくる人にも言われたんだよね、『淳さん、いまの沖縄は何処行っても東京に似てておもしろくなくなった。これ以上変わると魅力がなくなるよ』って。そんなこと言われてもぴんとこないよね。東村は農村のままでいいんだって言われたけど」

白い砂、青い海、神秘の島……。旅人は多かれ少なかれ、沖縄に楽園や理想郷的なイメージを求めているものだ。それは住民の利便性とは乖離(かいり)している部分があるのかもしれない。

「ところで明日の晩ご飯は決めてるんですか?」

いや何も決めてません、エリは何か食べたいのあるか? と問いかける大将に「おばぁの料理が食べられるような、地元の人がよく行く食堂とか行きたいんですけどねぇ」と、やはりここは沖縄らしさを求めて答える。

「うーん、うちは家庭料理って家でしか食べないから……。そうだな、ちょっと考えてみますね」

恵理子さんが奥から持って来た泡盛は、娘の入学祝いにもらった酒で、なんと12年ものの古酒だ。

「恵理子もあんまり泡盛は飲まないから、みなさんどんどん飲んでしまって」と注がれる濃厚な液体に舌鼓を打ちながら、再会の夜は静かに深けていった。

夜が一番長い冬至の夜明けだというのに、東京よりも早く昇る太陽の光に起こされた瀬上は、南の窓を開けて東村の小さな湾を眺めていた。沖縄とはいえ、この時間はまだ肌寒い。

「まだ6時なんだ」

「明るいよね」

エリも布団を抜け出し、まだ眠そうな目をこすりながら隣に並ぶ。窓の外を見て、ねえあれ何だろう？ 公園みたいだけど、祠みたいな建物がいっぱいあるね、と問いかける。

「ああ、あれは沖縄のお墓やな」

いつのまにか大将も起きてきていた。

「屋根がちょっと丸いのは亀甲墓といって、母親のお腹を真似して象られたらしいよ。死後の魂は胎内回帰するという帰源思想を表してるって何かに書いてあった」

沖縄の墓地は本土のそれとは様相が大きく異なる。眼下の墓前には庭のようなスペースが設けられていた。沖縄では門中（むんちゅう）という父方系の血族が代々受け継ぐ風習があり、この大きな墓は言うなれば一族の共同墓地である。

「春になるとシーミー（清明）といって、親族が集まって重箱を広げてピクニックみたいに先祖供養の儀式をするって聞いたことがありますよ。生きてる人もご先祖様もこれだけの広い場所で賑やかな宴会をするのなら、なんだかお墓参りも辛気くさくなくていいですよね」

「沖縄は家族や親戚のつながりが深いから。都会の核家族問題とか縁遠い感じするな」

「ふぅん、お墓でお重……」

エリは目を瞑って墓前の重箱に並ぶ、色とりどりの食べ物を想像している様子だった。

朝食後、恵理子さんに見送られて出発した三人は、やんばるの森を抜けて本島最北端にある辺戸（へど）岬を目指していた。

車は東村の役場手前で久しぶりの信号に出合う。工事で直進できない県道を迂回して北上すると、海沿いの景色から一変して深い緑色の森に包まれる。さらに走ると、少し濃い土色をした地面から生える、パイナップルの畑が目につき始めた。

「わぁ、パイナップルってキャベツみたいに土から生えてるんだ。なんとなく木に生るんだって思ってたー」

「あほか、ココナッツと違うわ」

「そんなこと言ったって、普通は想像できませんよ。前田さんだって昔パイナップル園に行った時、驚いてたじゃないですか」

車窓には、ここが亜熱帯地域であることを思い出させるには十分な風景が流れている。途中少し開けた場所へ車を停めて外へ出ると、そこからはいかにもやんばるといった大原生林が広がっていた。エリはその光景から目を離せない様子で、もの珍しそうに眺めている。まるでブロッコリーのような形状をしている木は、北部特有の木で名をイタジイというらしいが、いずれにせよ、どこまでも雄大なこの美しい森は、地球が丸いことをあらためて思い出させてくれていた。

「そういえば、名護からこっち、コンビニを見かけませんね。那覇は都会だったけど、ここまで景色が変わると、やっとやんばるへ来たっていう実感が湧いてきました」

森の坂道にさしかかると、金網に掛けられた派手な横断幕が目に入った。道の先には道端にテントが建ててある場所がある。ゆっくりと車を走らせると、テントに居た人たちはみな、こちらを見て笑顔で会釈をしてくれた。

「よくニュースで見かけるの、ここだったんですね」

そこはヘリパット建設反対運動で話題になっていた場所だった。昨晩、淳さんが話していたことを思い出す。

「辺戸へ行くのなら、途中で高江地区を通ると思いますけど、あそこのヘリパット建設は政治色が強いです。集落は外部や本島からの集団が反対活動をしていて、もともとあった地域のコミュニティは完全に崩れましたよ本当に。もちろん村民のみんなもヘリパットは基本的に反対なんですよ、大事なやんばるの森の中だし、自分たちには無くていいものだから。でも僕ら特有ののんびりさがあって行動は起こしてなかった。で、外部から新しく来た（反対派の）人たちも含めた地域のコミュニティで、あの集落に新たな色を出していければいいんですけど、高齢化が進んで子供も少ない場所ですから、みんなまとまらなくて殺伐としちゃってるって、地元の知り合いは言ってました。『極端な話、集落内で揉め事が続くぐらいなら、早くヘリパットつくって、この人たちいなくなった方が、前の雰囲気に戻れる』って。平和はみんなの願いですけど、騒いだらいいってもんじゃないですよ。村にもともといた人にとっては、あまり過剰になるよりは、静かに暮らしたいんです。仲良くやってきた、こんな少ない人口の集落内で喧嘩し合うなんて、なんか悲しすぎますよ」

「集落内で喧嘩し合うなんて、なんか悲しすぎますよ」

高江の集落辺りで、前をゆっくりと走るベージュ色の米軍装甲車の隊列に追いつく。

「昨日ふくろうで食事している時に、淳さんもママも、とにかくずっと北部は景気が悪いって言ってたな。取り立てて産業も無いし、やっぱり公共の土木事業が無いと食べていけないエリアやから、例の辺野古基地移設問題も頓挫して以降、やんばるの土木系はみんな倒産したって」

「言ってましたね。こっちは人の繋がりが強いから、例えばA社、B社、C社の建築会社があったとすると、みんなそれぞれに保証人になり合うから、B社が飛んだら儲かってるAもCも同時に倒産するって」

「難しいところやけど……、いずれにしてもここで生まれ育った人々に、よそ者の目線と価値観だけを押し付けるのは違うな」

果てしないやんばるの原生林の下には米軍北部訓練場があるとナビは表示しているが、ウインドウの向こうに人工建造物は見当たらない。再び海沿いに出てしばらく走ると、奥港に掛かる小さな橋に差しかかった。ここから先、県道70号線は国道58号線へと道の名を変える。すぐ先にあるシンプルなコンクリート造の奥共同店に立寄り、母屋右手にあるトイレを借りた後、飲み物とおやつを買う。共同店の女性と少し世間話を交わして、再びエンジンに火を入れた。

「そういえば以前やんばるに来た時に、世界遺産の斎場御嶽（せーふぁうたき）と同じような聖地が辺戸にあるって聞いたけど、どこにあるんかな」

時間もあるし寄ってみるかと地図やパンフレットを眺めてみ

るが、残念ながら手掛かりは全くない。車を左に停め、通りがかったおばぁに大将が声を掛けた。

「すみませーん、この辺で安須森御嶽（あすもりうたき）があるって聞いたんですけど」

「ああ、御嶽ならこの先の左に車が停められるところがあるから、そこの横の坂を歩いて登って行くといいさぁ」

「僕たちが参拝してもいいですかね」

「あぁ、神様にきちーんと挨拶すれば大丈夫よー。今日はとぅんじーびーさーだから気を付けてね」

「え？とぅ…」

「あぁ、冬至。今日は冬至でしょ、でさ、寒いでしょ。だから『とぅんじーびーさー』っていうのよ」

はははと笑うおばぁに、後ろの窓からエリがありがとうと手を振ると、同じように手を振り返してくれた。

「〝とうじ、さぶいさー〟の略か。なるほどうまいこと言う」

妙に感慨深くうなずく大将だった。

「あ、あれが御嶽のある辺戸岳でしょうね」

荒々しく切り立った岩山が視界に入ってくる。なるほど、決して標高は高くないが、人を寄せつけない猛々しさと侵し難い神聖さをまとった山だ。琉球の神々が宿る七御嶽の中でも一番初めにつくられた聖地だと伝わる。うーん、あそこに登るのか、大丈夫だろうか、どうしようと車中で相談するうちに、ほどなくしておばぁの言う通り、道の左手に御嶽への登り口とみられる坂が現れた。三人は参拝を決心し、両手が自由に使えるように必

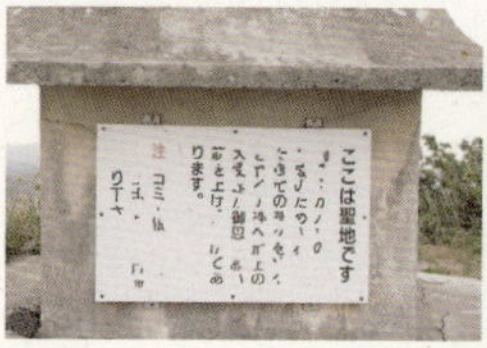

要最低限のものをリュックに詰め直して歩き始める。多くの御嶽は神に仕える女性のみが入ることを認められ、本来は男子禁制の神域。そこへ参拝するとあって自然と口数が少なくなる。

うがんじゅぬ
ちゅらさや
うちなーんちゅぬ
ちむじゅらさ

登山道入口と思われる場所の両脇には小さな祠があり、脇には拝所を美しく、と注意を促しているのであろう木の看板が立つ。祠に手を合わせて、鬱蒼とした森の中、道らしい道は無いが木々に張り巡らされた、恐らく滑落防止用のロープを頼りに壁のような急斜面を登り始めた。途中幾つか現れる拝所に都度手を合わせながら登って行くと、やがて森が開け、切り立った尾根の道へ出た。強い風が吹き、足元がおぼつかない。

「わたし、高所恐怖症なんです。これ以上は絶対無理。ここで待ってますから、置いて行ってください」

しょうがあるまいと大将は肩をすくめ、そこから動かないようエリに言い置いて、瀬上と大将はさらに上を目指した。風避けになるような木々もない岩場には、蘇鉄が幾つか生えているだけだ。一歩間違えれば断崖絶壁を転落である。

「これは確かにエリちゃんには無理でしたね」

登り始めてから30分も経った頃だろうか、360度遮るものが何もない、平に開けた山頂に辿り着いた。来た道を振り返り、

この峰に連なる岩山の景色に二人とも思わず息を飲む。しばらく言うべき言葉は見つからなかった。

途中に見かけたものより大きめの祠が幾つかある。聖地へ足を踏み入れてしまったことを詫びるような心持ちで、無事にここへ辿り着いたことへのお礼、そしてこの無条件で圧倒される大自然に頭を垂れた。西南の方向にはやんばるの深い森が果てしなく広がっている。二人が見つめる先には雲の隙間から太陽の光の筋が漏れ、それが妙に神々しく目に映っていた。そして北の方角に広がる海を背景に切り立つ眼下の岩山に目を向けると、まるで巨大な船の舳先にいる、小さな小さな虫にでもなったかのような錯覚に陥っていた。

「ホント、人間って小さい」

大将からの返事はない。しばらく、とぅんじーびーさーの冷たい風に吹かれながら、ニライカナイの方向を見つめていたが、あまり長居してはいけない気がして、山頂を後にした。

再びハンドルを握り、本島最北の地から時計を逆回りに今度は西海岸側を南下する。山道続きだった東海岸側とうって変わって、海岸ぎりぎりに国道58号線が走っている。が、左手にすぐ迫りくる緑豊かな山々が、やはりここが亜熱帯地域に違いないことを物語っていた。

「あの家、『うた、さんしん、えいご』だって書いてある。さすがにチャンプルー文化ですね」

国頭村の辺土名（へんとな）にさしかかると、住宅や店舗も増えてきた。あと5分も走れば以前泊まったことのあるオクマリゾートがある。周辺には大きな道の駅やコンビニエンスストアもあり、北部にしては賑やかだ。

「人の記憶なんて曖昧だわ。前に来た時は、奥間（おくま）がここまで北部だとは思わなかったな」

記憶を辿るように、瀬上は何事かブツブツ呟いている。

「お腹空いてきたな。弁当でも買って食べようか」

目についた共同売店へ立ち寄り、瀬上とエリが店へ入るもすぐに手ぶらで戻ってくる。

「お弁当、今日は置いてないんですって。近くにコンビニがありますよって薦められちゃいました」

「コンビニ弁当はちょっとなぁ。ま、先に酒造所へ行こう」

浜の集落から山間に入ると、田嘉里川の中腹に、最北の酒蔵である田嘉里（たかさと）酒造所はあった。東村の吉本さんからご紹介いただき、急な話で申し訳ないが、と詫びると、広報担当の池原文子さんが「ようこそいらっしゃいました、聞いてますよ。さぁ、どうぞ」と笑顔で迎えてくれた。

琉球泡盛をつくる工程は日本酒とは違う。かつてシャム国から伝わった蒸留技術と、原料にタイ米を使うことが大きな特徴だ。

「天井、黒いんですね」

「琉球泡盛は高温多湿な沖縄でも酒造りができる黒麹菌で仕込まれていて、しかも沖縄県内で造られることが条件です。天井や壁が黒いのはその黒麹菌が繁殖して働いてくれてるからなんですねー。菌たちが蔵についていることが大事で、これが無くなると味が変わっちゃうんですよ」

もろみタンクを覆っていたシートを外し、中を覗いてみて、と促され、瀬上は身を乗り出した。プチプチと小さくはじけるもろみは、南国のフルーツのような香りを放ち、鼻腔をくすぐる。

「このもろみは低温でゆっくりゆっくり時間をかけて発酵させています。人間にできるのは温度管理と、毎日毎日かきまぜて、もろみの調子をみてやるということですね」

泡盛に欠かせない黒麹菌やもろみについて語る時、文子さんはまるで大事な生き物の話をするようなやさしい口調になる。案内を終え試飲を薦められるが、運転手の大将は当然辞退、昨夜遅くまで飲み過ぎてまだ調子が戻らないエリもまた、自分が運転を替わるかもしれないからと、さりげなく試飲を辞退する。確か運転ができないペーパードライバーのはずであるが……。

「おいしい！ 麦チョコみたいで芳ばしくて、後でじんわり甘みがくる感じ。わたし古酒が一番好きだな」

昨夜の龍泉もそうだったが、コクがあるのに後を引かない透明感のあるきれいな味は瀬上の好みに合うらしい。

酒造所を後にして、国道まで真っ直ぐ続く川沿いの道を走る。何度振り返っても、文子さんは、わたしたちのクルマが見えなくなるまでずっと手を大きく振り続けていた。

「そういえばマツおばぁ、元気かな。寄っていくか」

喜如嘉（きじょか）は、田嘉里のすぐ隣の集落だ。ここは琉球の伝統を継ぐ芭蕉布の里としてよく知られている。マツおばぁというのは、芭蕉布の糸撚りをしている友人の宮國さん（詳しくは後述）の祖母。集落の入口で車を停め、那覇に住む宮國さんにおばぁの住所と在宅を確認しようと電話をかけた。

「そうですか……、名護の介護施設に。うん、うん、ありがとう」

電話を切り、瀬上は溜息をついた。電話の向こうを聞き取ったかのように大将も軽くうなずく。

「まぁ、もう紀寿(きじゅ)近い年齢やしなぁ。そういえば、7年前に訪れた時に、おばぁに長生きの秘訣は？ って聞いたらシークァサーのジュースくれたな、ははは。よし、エリは糸芭蕉を見たことないやろ。ちょっと集落を回ってみるか」

塀の上に覗く糸芭蕉の葉が風に揺れている。集落は昔ながらの民家が並び、赤瓦の屋根の上からシーサーがこちらをじっと睨む。喜如嘉の芭蕉布は、織りの作業が工程全体の百分の一というほどの、気が遠くなる作業を経てようやく完成するという。

「芭蕉布は栽培から布になるまで数年かかるっていうけど、そりゃ高価にもなるよな」

「でもやっぱり古布を見ると、繊細で味わい深くて、とはいえ丈夫そうでそそられるなぁ。一時期の危機からせっかく復興してきた手工芸ですもん、このままつくり続けてほしいですね」

お弁当を求めて幾つかの共同売店などをあたるが、行く店行く店、全て空振りである。

「ここまで来たんだから、やっぱりコンビニじゃなくておばぁのつくったお弁当食べたいです！ ほら、沖縄のお弁当って、ご飯が見えないくらいにおかずがたくさん盛ってあるっていうじゃないですかー」

まあまあ、慌てなさんなと大将が二人をミラー越しに嗜めた。

「そういえば、昨晩の森のふくろうでも、おまけが多かったですよね。ハブ酒でしょ、パインワインでしょ、フルーツもたくさん

いただいたし、本当に親戚の家におじゃましたみたいだった。こっちの人はサービス精神が凄いですよね」

そういえば以前来た時は、北部にコンビニなんてあったっけ？ とにかく帰るまでに一度は手づくりのお弁当を食べようと話して、とりあえずは食事ができそうな店を探すことに意見が一致した。どこまでいっても行き当たりばったりである。

「おっ、おおぎみ食堂って書いてある。ここにしよか」

大宜味村役場のある集落を少し過ぎたあたりで、パッと見は住居っぽいが壁に食堂と書いてある建物を見つけ、大将は車を道路脇に寄せた。エリが降りて確認すると、1階には洗濯物が干してあるので、どうやら食堂は2階だという。車を駐車場に停めて建物の外階段を上がると、お昼時の忙しさが落ち着いた午後の休憩中といった空気が漂う店内で、おばぁというにはまだ若いおかぁさんたちがテレビを見てくつろいでいる。目の前には海が広がる最高の眺望で、先客もいない。

「うちは調味料も自家製なのよー。ゆっくりしてってねー」

三人はそれぞれ、とんかつ定食、野菜炒め定食、沖縄そばを注文する。定食には沖縄そばがつくほどのボリュームだが、山登りの疲れもすっかり癒される気取らない味わいの家庭料理は旅の途中であることをひととき忘れ、日常の続きのような錯覚に陥る。もちろん、笑顔の店主が話すやわらかなうちなー言葉が、おいしさと安らぎのスパイスになっているのは間違いない。

午前中の曇り空から少しずつ晴れ間が広がり始め、海も沖縄らしい青さを増してきている。津波（つは）小学校を過ぎて、青い

親柱に平南（へなん）川と書かれた橋の手前を山間に向かうとシーサー作家の大海（おおがい）さんの工房が見え、門の前には大海さん夫妻がニコニコと立っていた。

いま喜如嘉の集落を少し回ってきたんですよと話しかけた。

「いいところでしょう。もともと結婚前に、妻とお義母さんは喜如嘉で喫茶店を営んでいましてねぇ、いまはもう店は閉じちゃいましたけど。結婚後、ここへ越してくる前にも少し住んでたんですよ」

「え、そうなんですか。長寿の村で有名ですから、やっぱり昔ながらの行事とか多かったですか？」

「旧暦で開催する行事は、やっぱり多いですよ。僕らも班ごとに分かれていろいろ参加していました。例えば春なら浜下り（はまうり）とかね。僕は東京の出身ですけど、うちの班長さんも移住組だったんで、いろいろ大変そうでしたよ」

手びねりで創作する様子を見学し、世間話を終えた頃、自宅横にある大きなシーサーの口が大量の水を吐き出しているのに大将が気づく。聞くと水道が敷かれていないため、自分で山から水を引いたのだという。蛇口をひねれば水が出るという人工的な水道施設ではなく、この水を蓄えるのはやんばるの森だ。前日の雨で水量も豊富だというが、自然の恩恵に感謝しながらの営みが、いまでもやんばるには残っている。

県道14号線を源河（げんか）で左折して東村の方面に進むと、個性的な蜂蜜づくりをしている養蜂所があった。慶佐次共同売店で蜂蜜を薦められておいしかったことや、巣箱の見学をぜひともお願いしたいと申し出ると、笑顔で快諾していただいた。

蜂に対する想いや蜂が採取してくる花のこと、そしてここは

「蜂蜜は、蜂が食べる分だけ置いて残りを人間が横取りさせてもらうんだよ」

本島で一番最後に電気が引かれた集落だという、そんな人里離れた地での暮らしを一通り話してもらいながら、まだ寒さで動きの鈍い蜜蜂たちに、「蜜の収集をしっかり頼んだよ」と挨拶をして、日が暮れ始める前には、再び峠を越えて東村へと戻った。

Aサイン

夕暮れの国道331号線。向こうにクリスマスイルミネーションに包まれたリゾートホテルの灯りが見える。恵理子さんの運転する車は一行を乗せて一路、辺野古に向かっていた。助手席には、夕食を共にする娘のエレンちゃんが座っている。

「ホテルのクリスマスイルミネーションはきれいだけど、こんなあったかい沖縄でイルミネーションを飾っている家って、笑っちゃわないですか?」

そう言うと「うちも飾ってますけどね」と恵理子さんはアハハと笑った。

「そうか、もうクリスマスなんですよねぇ」

後部座席に座るエリがしみじみと言うと、ま、あんまり俺は興味ないんですけどねぇと大将が笑う。

「辺野古に前田さんたちが好きそうな店があるんですけど、今晩夕食に行きませんか。自分は恩納村(おんなそん)での仕事が終わったら向かいますので。運転は恵理子にさせますから」

朝、淳さんから誘われて二つ返事で快諾した大将だが「好きそうな店」がどんな店なのか朝から気になっている。

「恵理子さん、いまから行くのはどんなお店なんですか」

「わたしが若い頃に職場で一緒だった先輩の実家なんですけど、パパさんが洋食でも和食でも寿司でも何でもつくってくれるの。もう通い始めて何十年にもなるんですよ」

キャンプ・シュワブのゲートを過ぎるとすぐに交差点が見える。信号を左に曲がると、規則正しく区画整理された辺野古の集落が広がっていた。

「エレン、確かここだったよねー? あの家、有名な女優さんの実家なんですよ」

へぇ、そうなんだと物珍しそうに見ていると、ハイ着きました! と恵理子さんがサイドブレーキを引いた。到着したその店は味のあるコンクリートの二階建。オリオンビールのサインにはあかりが灯り、入口上の大きな看板には「割烹SUSHI RESTAURANT オーシャン」とある。

「おぉ、凄いなこのお店」

ドアを開けると正面には寿司屋か割烹小料理屋のような和風のカウンター、左手には欧米風なバーカウンターがある。そしてそのバーカウンターの奥には、Aと描かれた表札が掲げられて

SUSHI RESTAURANT
オーシャン
OCEAN

いた。恵理子さんの先輩らしい女性が一行を出迎え、コックコートを身につけた男性が、こんばんはいらっしゃいと、カウンターの前からこちらを向いて座っている。

「こちらが先輩のジュンコさんと城間のパパさん。パパさんもう84歳なんだけど見えないでしょー、若いわよねぇ」

瀬上とエリは目を丸くして、そんな歳には見えないわと驚いている横で、大将はAサインの許可証がどうも気になる様子だ。

「あのAサインはパパさんが取得されたんですか」

「ああ昔ね、もっと下の方でやってたけどその時は木造でね。コンクリートで建てないと営業できなくなるからって、こっちに引っ越した時に申請したんだよ」

Aサインというのは、本土復帰前の沖縄で、米軍による衛生基準に合格した米軍公認の飲食店に与えられた営業許可証だ。コンクリート造りであることや抜き打ちで厳しい検査を強いられるなど厳格な基準が設けられ、戦後アメリカ統治下の沖縄では、Aサインを掲げることはとてもハードルが高いとされた。

大将が昔話をパパさんから聞く横で、恵理子さんがジュンコさんに聞く。

「Aサインて何？ あれ、凄いの？ 初めて気づいたわ」

舟型の平皿にぎっしりと並んだ刺身の盛り合わせが運ばれて

きた。メニューには「SASHIMI」と書いてある。

「わぁ、ある意味、舟盛りですねー。これは何ですか？」

「ん？ さかな」

「確かに」

パパさんはいたずらっぽく笑って、赤いのはオジサンという魚だと教えてくれた。メニューには刺身もあればタコライスもあるし、泡盛もあればウイスキーもあった。料理が盛られた器も和食器やパイレックスが混在している。まさにチャンプルーだ。

入り口近くの席にいる米兵の若者二人は、カレー皿のような平皿に、山のように盛られた親子丼と牛丼をガツガツと食べている。店内をよく見ると右手の壁一面に、びっしりとスナップ写真が貼ってあった。そこには米兵やその家族たちがこの店で過ごした、数々の記憶が焼き付けられている。

「やっぱり米軍関係のお客さんが多いですか？」

「うちはそうですよ。日本人観光客は来ないな」

この地域は、米軍基地建設工事が始まった頃から社交場として利用され始めた。以来キャンプ・シュワブと共存してきた辺野古の人々は、いまも基地との交流が盛んだ。オーシャンの客も9割は米軍関連だという。パパさんは当初キャンプ内のPXで働いていたが、恵理子さんの父親も同じく久米島のPXで働いていたと話してくれた。給料を含め雇用条件の良い軍関係の職業に就いていた人は当然多い。その後、パパさんがここでレストランを開いてから40年以上が経つ。城間家は長い時をかけて日常の営みの中で、多くの米兵たちと様々な関係を築いてきた。戦後沖縄の、特に辺野古集落の生き証人の一人である。

寿
APPROVED
FOR
US FORCES
307
営業許可証
商売繁昌
感応成就
山崎

「遅くなりましたー。前田さん、もうしっかり食べたー？」
みんなが食事をおおかた終える頃、淳さんが元気よくドアを開けて入ってきた。エレンちゃんが、遅いよ、お父さんの分も残してたんだよーと言うとみんなが笑う。すでに向こうではジュンコさんがパックに詰めて持ち帰られるように準備していた。

帰りの車中で、運転する淳さんに辺野古の問題を少し聞いてみた。辺野古の集落ではいま、様々な問題が起きていると話す。
「でもね、だからこそ、この前の（２０１４年）選挙でうちなんちゅが出した答えは大変なことですよ、良いか悪いかは別として。いまが、きっと、沖縄がどうなるかの時なんですよ」

部屋に戻ってしばらくは、それぞれに考えをめぐらせている。そして口火を切ったのはエリだった。

「本土でニュース見てるのと、やっぱり印象違いますね」
「そうですね。こうして生身の、しかも渦中の人たちと会って話をすると、ここには日常的な生活の積み重ねがあることを思い知らされますね」
「辺野古の基地問題はいまや日本を左右するほどの問題だけど、もともとあった集落の中に敵国の基地ができて、そこで生きていくことを決めた当事者の住民たちが、なぜこんなに長きに渡ってプライドを保ち続けられているのかよく考えないといけない。国家間の思惑や政治だ、金だ云々じゃなくてさ。例えばオーシャンに来る米兵も一人の人間だし、日本人であるパパさんも人間。ジュンコさんのご主人も米軍の方だとも聞いた。人と人のニュートラルな関係を毎日の生活の中で当たり前のこととして築き、その関係をきちんと継続してこそ、信頼や安心を分

かち合うことができる。デリケートな問題だから軽卒なことは言えないけど、辺野古の人々が生きてきた経緯こそ、いまあらためて沖縄が参考にすべきことなんじゃないかなと、俺は思う」

一体、何が悪で何が正義だと皆は捉えているのか。少なくとも、よそ者の言い分だけでことが進まないことを願おう、と話した。

出発の朝、次はいつこれるかな、東京へも来てくださいよ、などと名残を惜しいものだからつい立ち話が長くなる。何の話の流れだったのか、恵理子さんのお姉さんのことに話が及んだ。

「以前ね、アメリカにいる姉から電話があって、癌だって聞いて飛んで行ったのよ。そうしたら手術して翌日にはもう退院して普通に歩いてるじゃない、びっくりしちゃったわー。結局大丈夫だったんだけどね」

そんな深刻なこともあっけらかんと話す恵理子さんの明るさに、「強いなぁ」としみじみ感じ入る瀬上の心を見透かすかのように、淳さんも呟く。「ホント強いですよ」。

強くて、やさしくて、たくましい。沖縄の女性は強い、とはよく耳にするが、こういう何気ない言葉だからこそ、そして目の前のことだからこそ、とてもリアルに感じられる。そういう淳さんも逆境を吹っ切って、とても前向きだ。

「いまね、やんばるへもっとたくさんの人に来てもらえるように、いろいろ新しい活動もしているんですよ。僕はみんなに支えられて生かされてますからね。いやぁ、頑張りますよ！今回このタイミングに会えてよかったです」

「何かあったら本当に言ってくださいよ」

大将は淳さんと固く手を握り合うと、必ずまた来ますと手を振って車に乗り込んだ。

アメリカゆー

国道58号線を南下し、名護へさしかかる頃、車窓からの景色はやんばるの山々が迫りくる野性的な風景から一変する。整備された道、アミューズメント施設やホテル、飲食店などリゾート感あふれる観光地らしい景色が増えてきた。北部で見たものと同じはずの南国らしい樹々やエメラルドグリーンの海も、どこかよそゆきの表情に見えるから不思議だ。

今日は、複数の工房を訪問する予定になっているが、約束の時間までには余裕がある。

「ちょっと時間あるから、コザへ行ってみようか。以前、俺が沖縄の建築家に連絡して、コンクリート建築の背景や戦後の状況について教えてほしいってお願いしたの、覚えてる?」

もう12年も前になるだろうか。当時、国内外の建築にまつわる専門誌の編集を手掛けていた大将は、沖縄のコンクリート建築に対する疑問を解き明かそうと試みる特集を企画したことがあった。ハンドルを握る大将は、公私ともに沖縄を旅先に選ぶことが多いが、〝南国の美しい沖縄が好き〟というより、戦後の沖縄文化に興味を引かれるという傾向があった。

「初の沖縄は高校の修学旅行だったけど、『なんでこんなにコンクリートの建物だらけなん?』、『アスファルトが油っぽくて滑るなぁ』っていう、自分が生まれ住んでいた京都との違いにすごく違和感があって。行ったのが83年だったかな、それ以来ずっと記憶のどこかに引っかかってなぁ」

国道を20分ほど行くと、やがて目的の街に到着した。コザもまた、辺野古と同じように基地の門前町である。戦後コザ市と呼ばれていたが現在は名称を沖縄市に変えている。だがコザ十字路から嘉手納基地第二ゲートに至る周辺一帯を、いまも現地ではコザと呼んでいる。

「とりあえず、銀天街辺りのパーキングに車を置こうか」

コザ十字路と銀天街の間には、以前は無かった大きな看板ができていた。少し裏手の駐車場に車を停めて歩き出す。現存するコンクリート建築は、1950年半ばから60年代の建物が多い。やはり裏通りにはあちらこちらに空地があり、老朽化が進んだ家屋が多いように見えた。

「全的崩壊」

「わぁー、年季が入ってますね。ほんと、ほとんどコンクリートばかり。なんだかエキゾチックな雰囲気ありますよね」

「この辺は照屋っていう街で、戦後は黒人街として活気づいたエリアやったって」

「なんでコンクリートの建物ばかりになったんですか。やっぱり台風に強いからかな?」

初めて目にする景色にエリは興味津々の様子だ。

「まぁそうだけど。でもそれだけなら戦前の家はどうだったんだって話になるやろ」

「そうですねぇ、離島には木造の家も多いし、変ですね」

「きっかけは〝1945年の全的崩壊が全て〟。その建築家はそう言ってた」

「ゼンテキホウカイ?」エリが首を傾げる。

1945年、つまり第二次世界大戦の終戦時。特に南部から中部にかけて全く何も無い状態になっていた。大将が聞いた話によると、同じように焼け野原になった本土の爆撃地も多数あるが、それでも少し地方に行けば再建可能な材料や、現存する建築を手本にすることができた。しかし沖縄はそれらすら無い、非常に深刻なダメージを受けたというのだ。

「そうか、何もかも無くなったんですね、ここは」

古くから沖縄は木造の建築を防風林や赤瓦などで守ってきたが、戦後あらためて同じような木造の構造物をつくるには、資材も時間も人手も、何もかもが無さ過ぎた。個人がバラックをつくってもすぐに吹き飛ばされしまいそうなことは容易に想像がつく。四方を海に囲まれた離島の強力な台風に、しかも焼け野原という現状では、成す術が全く無かったというわけだ。

「そうか、何もかも無くなったんですね、ここは。で、ある時に見たこともないコンクリート住宅がフェンスの向こうにあるのを見つけたと」

「そう、正解。考えるより答えが目の前にあったんやから。台風にも強い、見るからにどっしりとした建物が」

3人は銀天街の近くにある、大きな茶色い壁の映画館で立ち止まった。そこはコザ琉映という、60年前後に建てられたコンクリート建築のひとつだ。中を覗くと、人の気配は無いが、いまもかろうじて営業しているように見える。

「コンクリートの材料は簡単に手に入ったんですか?」

「すぐかどうかは分からないけど、伝統的な赤瓦工場よりもコンクリートブロック工場が先にできたらしいから、製造技術を転用しやすかったんじゃないかな。あと、沖縄には石垣を使う文化が元々あるから、コンクリートブロック造りの家はむしろ、木造よりも構造が簡単で親しみを感じたのかもしれないねぇ」

ちょっと小腹が空いたなというので、信号の向こうにある

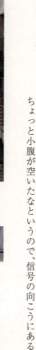

スーパーマーケットで、ジューシィのおにぎりとさんぴん茶を買い込む。大将はこのままもう少し散策するつもりらしい。

「パークアベニューっていう商店街があるから、そっちへぼちぼち歩いて行こうか」

さんさん通りと呼ばれる道を胡屋(ゴヤ)の交差点に向けて歩く。緩やかな坂の途中には三線の専門店などもあって、シャッターの降りている店舗があるものの、裏通りよりは活気がある。胡屋(北)の交差点には地元のラジオ局、FMコザがあり、その角を曲がると白いコンクリート造のアーケードが美しい、中央パークアベニューと呼ばれる通りに入った。一方通行の車道は車一台分に整備され、広い歩道と街路樹が南国らしさを強調している。裏通りを見ても、照屋地区とは対照的に比較的コンディションのいい建物が多いように見てとれる。米軍相手の商業地区として栄えたエリアだが、ベトナム戦争の後には県の都市計画として整備され、独特な形のアーケードもその時のものだ。

「ここは昔、白人街として栄えて、BCストリートって呼ばれてた場所。BCは、ビジネスセンターの略らしいけど、やっぱりこう見るとAサインの影響が大きいね。オーシャンのパパさんが言ってたように、米軍相手にビジネスをするにはコンクリート造が必須条件で、しかも抜き打ちで防音や衛生面、それに食品の仕入れ状況まで随時チェックしたらしいよ。ベトナム戦争の時にはこの周辺は相当賑わったらしいけど、実際は多くの店がAサインの厳しい条件に対応できなくて苦労したみたいやし。しかもアメリカ統治下の時代は米兵優位の現実もあって、いろいろ堪え兼ねて復帰前にはこの辺りで暴動もあったようだし」

「復帰前っていうと、わたしが生まれた頃かしら。そう遠い昔の話じゃないんですね」

白亜のパークアベニューを歩くと、英語で書かれたサインやメニューが目立つ。最近白く塗り替えられたような、とても明るい印象の外観に反して、店舗の半分以上はクローズしていて、残

念ながらシャッター商店街の様相を呈していた。
「でも何故か、仕方ないって感じがしないんですよね。さっきもらった観光パンフレットにも力が入ってたし、むしろポジティブな印象がありますよ。だってアメリカ的な雰囲気をそのまま残すというか、むしろリペアして、さらに効果的に活用しているじゃないですか。まぁ、本土の過疎地と違ってメンテナンスできる予算があるのかもしれないけど、ともかく可能性を感じます。観光客を呼び込むソフトの問題は残ってるかな……」

確かに、本土復帰の前に米軍が沖縄を統治下においた〝アメリカ世（ゆー）〟の活気があった空気感を、うまく消化している側面がこの街にはある。本土復帰に反対する人がこの辺りには多かったと大将は建築家に聞いたという。しかしそれはビジネスメリットの側面だけだったのか。ひょっとすると、本来なら主権すらない〝実質的に植民地〟という厳しい状況にあっても、どこかでアメリカに憧れ、決して憎みきれない心理があったと考えてもおかしくない。抑圧された感情が爆発したコザ暴動ですら死者が出なかったという事実は、憎しみが目の前の人間へ向けられたものでなかったことを暗に伝えているようだ。この街で金を使い、夜な夜な遊ぶ米兵が「ベトナム戦争に行きたくない、死にたくない、祖国へ帰りたい」と飲んで語ることもあったはずだと想像すると、この街の人々は米兵に対して、同じ人間として理解を示し接することもあったのではないだろうか。それがかつて沖縄を焼き尽くした敵国軍の人間であったとしても。

コザを出て次の目的地へ向かう途中、嘉手納基地の裏手辺りにある外国人住宅街にさしかかった。広々とした敷地に建つ

2階建ての住宅は、さほど大きいわけではないが、庭や駐車スペースがゆったりととられ、ゆとりが感じられる。

「さすがにもう建て替わってるんでしょうけど、フェンス越しにこんな景色見てしまったら、そりゃぁ憧れるでしょうねぇ」

話を聞く前と後では、見える風景がこんなにも違うものか、と瀬上は小さな発見をしたような気分でいた。


「そういえば前田さん、キャンプシールズの裏辺りに、怪し気なフリマがあるって言ってませんでした？」

「ああ、地元の人からはベトナム通りって呼ばれてるって聞いたよ。何か掘り出しものあるかな。ちょっと回ってみようか」


基地のフェンス沿いを走ると、多くの軽トラやバンが路駐している。ああこの辺りかなと車を降りて通りを歩き進むと、にわかに混沌とした空気が漂ってきた。荷台の上や道路に広げられたブルーシートの上に、スパムなどの食料品や三線など沖縄らしいものもあるかと思えば、衣類や生活用品、動くかどうか怪しい電気機器、ジュースの瓶や錆びた工具といったガラクタのようなものまでが思い思いに並べられている。金網一面に古着が掛けられた場所もある。フェンスの向こうに広がっているのどかな風景は、黙認耕作地という基地内の土地を所有する人々の畑だというが、中にはバラック小屋があり、沖縄そばを出す食堂まであった。東南アジアのどこかの町に迷い込んだような感覚、どこからか三線の音も聞こえてくる。

「生きるための必死さも感じるんですけど、なんていうか凄く穏やかでのんびりした自由さもあるというか……、言ってること矛盾してますよね、わたし」


「こんな景色を見てしまったら、そりゃぁ憧れるでしょうね」

困惑した表情の瀬上は、沖縄という土地の特殊性をひしひしと肌で感じていた。先ほどのコザもそうだ。シャッターの降りた店が多いことを憂えるような空気もありつつ決して悲愴感のない、大らかさがある感覚。

「支配者が変わっても、沖縄の人々の根本的な生き方はそれほど変わらなかったって言ってたなぁ。それはアメリカ世以前の問題で、そもそも島の外からやって来たものは、それが侵略者だろうが、台風だろうがマラリアなどの伝染病だろうが、受け入れて生きてきたって」

沖縄が辿った歴史を遡ってみれば理解できることだ、と大将は話を続ける。

「この島には、中国との宗主関係や薩摩藩による琉球侵入、明治政府の琉球処分、アメリカの統治と、支配者が度々入れ替わってきたという歴史がある。それに豊かだけども自然環境もシビアだから度々台風などの災害や伝染病もあったし、いまだって深刻な失業問題が取り沙汰されてる。沖縄のことを知るほどに悲痛な過去が浮き彫りになるっていうのに、この島に生きてる人たちはどこまでも明るくて強くて、やさしいっていう印象があるし。もちろん反米感情を拭えない出来事や基地問題は確かにあるけど、でも、それに屈しない強さっていうのは、実は表には見せない意志だったり、もともと備わってる自然への敬虔な心だったり。要は変わり世に身を委ねてしまえる柔軟さを持ち併せているからなんじゃないかな。だから、戦後統治下の世の中でも、さっき話した米軍のコンクリート建築や、ほかにも音楽やファッション、ファストフードといったそれまで見たことがなかったアメリカ文化を目にして、生き抜く術のひとつとしてうまく消化して取り込んできたのと違うかな、きっと」

「そういうしなやかさとか、根底にある揺るぎない強さやたくましさとか純朴さとかが、わたしたちが沖縄に強く惹かれてしまう理由なんでしょうね」

「いや、俺はそんなキレイごとを言ってるんじゃない」

「え、どういうことですか?」

「あのね、手放しで沖縄の人が持つ純朴さを賛美しているわけじゃないんよ。沖縄の人だから、単にやさしくて惹かれてしまうとは限らんやろう? 善と悪、西洋と東洋、木造とコンクリートというように、対極する構図は沖縄の人々にとって意味をなさなくて、うまく取り込んでいく根本的な感覚を持ってるってことを言いたいだけ」

瀬上は単純に美化してしまった自らの発言を省みていた。実際、ものごとには必ず二つの側面がある。沖縄もそうだ。

「やさしいけれど、良い意味でしたたかなんですね」

「そう、問題は沖縄の歴史がここの人々にとっては本土と違う特殊な環境をつくりだしていることは事実だ、という背景」

復帰後、幾度となく訪れる沖縄ブームだってそのひとつじゃないかと大将は言う。高度成長期の航空会社や旅行会社による大々的な沖縄の広告戦略は観光客数を大きく伸ばし、90年代の音楽シーンやTVドラマのヒットによる空前の沖縄ブームもあったが、結局のところは東京が発信源だった。そう、東京視点のプレゼンテーション力やマスメディアの影響力は大きい。その力を利用するといえば聞こえは悪いが、今後うまく取り込むことで解決できる問題がもっとあるかもしれないのだと。

「だからいま、沖縄はもっとしたたかになってもいいんじゃないかな。例えば基地だって、返還された後の効果的な使い道を沖縄の人たちがキチンと全国民にプレゼンできないと、せっかくの土地も人も生かされないし、政府や本土の人間は絶対に振り向かないよ。絵空事を集団で叫ぶんじゃなくて、沖縄自身が情報発信力のあるところと組んでね。影響力のある人や企業と一緒になって実質的に考えて、あくまでも、そう、したたかに。そう考えると吉本さんが言っていたように、いろんな意味でいまがすごく大切な時期なんじゃないかなぁ」

結局、何か買おうかという気分にはなれず、ベトナム通りを後にする。午後からはアポを取っていた方々を順次訪問して、この日の予定を無事終えた。心地よい疲労感に浸りながら、なんだか今日は社会見学のような一日だったな、と振り返る。

「さぁ夕暮れも迫ってきたし、そろそろ帰ろうか」

58号線を北へ向かって車を走らせている時だった。

「あのAWって看板、よく見るけど何のお店ですか?」

エリがロードサイドの店を指差している。

「AWじゃなくてA&Wね。こっちでは英語の発音で〝エンダー〟って言うんだって。アメリカのハンバーガーチェーンなんだけど、沖縄でしか見ないよね。前に仕事でお世話になったうちなーの人に聞いた話だと、昔はローラースケートを履いた店員さんが車まで運んで来てくれたんだって言ってたわ」

「外観も内装もメニューもいかにもアメリカンな雰囲気で、普段食べない俺でもハンバーガー食べたい気分になるもんな。黒ビール風の〝ルートビア〟も最初は苦手だったけど、あれ、クセになるよなぁ。ま、空港にもエンダーはあるから出発前にでも寄ろうかね、いま食べたら晩ご飯が入らへんし」

その日の宿は名護の安い旅館に決めた。特に目的があったわけでもなく、名護には公設市場もあるし、安い酒場もありそうだし、オリオンビールの工場も近いし……、てなもんである。

車窓からは、もうすっかり目に馴染んだコンクリート建築のシルエットが流れてゆく。エンダーを過ぎてからというもの、車内は静けさを保っていた。沖縄が持つ様々な側面にあらためて触れて、それぞれが自分の中にある沖縄のイメージを描き直しているようだ。ここは美しい南の島というだけではない、移りゆく歴史の中に生身のうちなーたちの無数の物語が紡がれてる島なのだという当たり前のこと、その数々の見えない人生に思いを馳せていた。

「フリマにいい軍パンがなかったなぁ」

そうエリが呟く頃には名護十字路近くにある鄙びた旅館に到着した。慌ただしかった一日を終え、よし、今晩は普通の焼き鳥屋にしようと、ある意味沖縄らしくない、しかしこの街のうちなーにとっては極日常であろう夜を求め、名護の街へ繰り出して行った。

島ないちゃー

「職場を出て歩いてるよって言ってるから、もう来るやろ」

　最終日となる翌日も工房訪問や所用を済ませ、那覇市内の宿へ落ち着いた。夜、夕食を共にする相手に電話をすると、いまこちらに向かっているところだという。県庁近くにある宿のロビーでは「どこへ連れて行ってくれるのかな、山羊（ヒージャー）屋に行けるのかな」などと三人で盛り上がっていたが、彼が徒歩で現れたのは電話の30分後だった。やはりここは沖縄である。

　待っていたのは、喜如嘉のマツおばぁの孫で名を宮國さんという。大将が独立したての頃に手掛けていた分厚い冊子制作において、不夜城と化していた編集現場で苦楽を共にした15年来の仲である。当時パソコンのオペレータだった彼は、沖縄の会社から大将が関わっていた制作現場へ派遣されて来ていた。それ以降も、それほど密に交流していたわけではなかったが、沖縄を訪れる時や、彼が上京する時など、折に触れて杯を交わす仲だった。

「いやぁ、久しぶり！　前田さん。瀬上さんも変わりませんね」

「宮國さんも変わらないわね。その後、調子はどう？」

　瀬上は、歩きながら早々に質問する。

「なかなか話せなかったんで、今日報告しようと思ってたんですけどね、いろいろあったんですよー。実は元々いた職場で、いまはITのエンジニアをしてるんです。後でゆっくり話しますから、さぁ、まずはヒージャーの店へ行きましょう」

なんだかさっぱりした表情を見て、あぁ、紆余曲折はあったんだろうけれど、いまは大丈夫なんだな、とひとまず安心して、久しぶりのゆいレールで安里（あざと）へ向かった。

　職場の先輩たちに薦められたという山羊料理の老舗「まるまん」は、入り口に連なってぶら下がる提灯がひと際明るく、今宵も酒飲みたちを誘惑している。ひとつしかない小さな座敷に陣取りメニューを探すと、カウンターの向こうに〝山羊汁、やぎさしみ、山羊ソーセージ、ごはん〟とある。正真正銘、ここは山羊料理の店だ。座敷の壁には、レトロなオリオンビールのポスターや最近の民謡イベントのチラシ、琉球玩具のヤカジなどが渾然一体となって貼られ、それがなんとも沖縄らしいムードを醸し出していた。

　さっそくビールの大瓶3本と山羊の刺身を注文する。生の山羊を初めて口にする瀬上とエリは、臭みがなく羊ほどクセもなく食べやすいと声をあげた。店のおかぁさんが「これ食べてみてね、山羊のたまさん」と、久々に手に入ったからと珍味を出してくれ、みんなで大喜びしつつひとしきり山羊の話で盛り上がる。そして落ち着いた頃、宮國さんは自身の近況を話し始めた。

　彼の話によると、この仕事で一家を支えていくぞ！という意気込みで数年前転職したのだが、時代の流れで先行きが厳しい状況になってきた。不安を感じ始めていた頃、以前務めていた会社の上司から、もう一度うちへ来ないかと声がかかり、苦慮した末に思い切って復職したという。それがつい半年前のことだった。

「在籍してた頃の実績をかってくれてたみたいで、それまでやってきたことに意味はあったな、と思いましたね」

やぎ料理
まるまん
851-6570

以前から失業率の高さが問題視されている沖縄だが、倒産する比率も非常に高い現実がある。彼は子供たちや同居する母親のことが頭をよぎり、長い目で考えて決断したと話してくれた。そう、何かあってからでは遅いから、と。

「一番下の娘さんも大きくなったんじゃない？ 男手ひとつで大変ですもんね。でも順調みたいでよかったわ」

以前、4人の子供を抱えて別れたという話を聞いていたので、瀬上は少しほっとしてそう言った。

「あぁ俺ね、実は再婚したんですよー」

「えーっ、いつの間に？ もぉー、いろいろ水くさいなぁ」

まぁまぁ。確かに頻繁に会って飲める距離でもなし、わざわざあらためて電話することでもなし、なによりも4人の子供に母親ができて、いやぁよかった、よかったと大将は嬉しそうだ。そんなわけで瀬上の心配は杞憂に終わり、一行は宮國さんの近況に安堵して、なにより酒がすこぶる進む。

宵の口から居座って、気づくと空の大瓶が15本も並んでいる。どれもこれも美味しく、愛想のよいおかぁさんのサービスにもすっかり甘えてしまった。本来、山羊汁は祝い事のある時にいただく沖縄の郷土料理だが、現在ではしこたま飲んだ後、締めに食べるのが定番らしい。でもまだまだ話は尽きない、これじゃ締められないよ、と一行は、カラオケボックスへと場所を移した。

「いまも昔も沖縄って本土から移住して来る人多いでしょう。うちなーから見てどう感じるものなのかしら」

憧れで移住して来る人たちの中には、できるだけ遠いところへ行きたいという単純な理由の人も多いようだという。

「でもやっぱり俺は、沖縄なりの生活の楽しみや大切なものがいっぱいあるから、ここを離れずに居るんでしょうね」

「うん、いま改めて、それがよく分かる気がするよ」

大将は、7年前に宮國さんの従兄弟の家へ遊びに行った時の光景を思い出していた。ひと仕事終わった従兄弟たちは、まだ明るいうちから宮古民謡の練習をし、終わると宴が始まる。よく飲んでよく笑い、目の前にある家族や親戚を愛し支え合う様子を見て、人の絆の強さに心を打たれたものだった。

「逆に見ると沖縄から東京へ移住してそのまま居ついてる人もいるし、沖縄が特別っていう話でもないですよね。必要があって、そこが心が休まる場所ならどこでも同じだと思いますよ、俺」

「わたしも人が本当に根を張りたい場所って〝大切なものがある場所〟に尽きると思う。読谷村に住んでる陶芸家の壹岐さんは、『その道を志して沖縄の地を踏んでもう30年近くなるけど、ないちゃーの自分はやはり地の人間にはなれない。でも、外から来た人間だからこそ、歴史の中で築かれてきた沖縄の美を、強く伝えられるんじゃないか』って話してましたね」

「親しみを込めて〝島ないちゃー〟って言ってるんです」

「瀬上さん！ その人は本物の〝島ないちゃー〟ですよ」

宮國さんは指でOKのサインを出して笑った。

「以前は内地の人のことをひとくくりにして〝ないちゃー〟って呼んでたんですけど、いま、島に根づいて暮らしてる内地の人のことを、俺たちは親しみを込めて〝島ないちゃー〟って言ってるんです。頑張ってるないちゃーがいると、俺たちうちなんちゅも頑張らんと、ってなるし。だから、沖縄はいいところだよ、おいでおいでーって歓迎したい気持ちになるんですよ」

「そういえば、前に沖縄の作家さんが『弟子にしてくれって来るのは内地の人ばかりですよ。最近でこそ地元の人が来るけど、結局は続かないことも多い』って言ってました。今回会った紅型作家さんは、沖縄の太陽の光だからこそ紅型の色の美しさが表現できる、だから移住して随分経つけど住むのはここ以外は考えられないって。でも、生まれも育ちも沖縄の陶芸家さんは『沖縄の古い陶器に出会って、気づきもしなかった自分のアイデンティティを呼び起こされました。こんな素晴らしいものが近くにあったんだなって』って言ってたし、要は自分自身が、その場所にいる必要性をどこに見い出せるか、ですよね」

「そこでなくてはならない理由か。そういえば俺、東京に居続ける理由が見つかってないな。心が休まれば、そこが居場所か」

別に沖縄だけの話ではない。最近加速気味に連発される〝移住〟〝自分探し〟という言葉の響きに、理想郷へ終の住処を見つけに行くというような、どこか安直で地に足がついていないイメージがつきまとって少し嫌悪感があると大将はよく言っていた。ノドに何か引っかかったような違和感を覚えると。しかしいまは、そんなつかえも、すっかりとれた表情をしている。

「よしっ、そろそろいいかげん歌おうか」

話に熱中し過ぎ、気づけば、カラオケボックスに入ってから1時間以上が経過している。まずは大将が喉ならしに十八番を1曲歌い上げた。

「おお！ なんだー、カラオケで前田さんがこんなにはじけるなんて、知らなかったなー」

「あら、前に来た時、二人で朝まで飲んだって言ってませんでしたっけ？」

「飲みましたよ、前田さんと松山の飲み屋で。あの時は家庭や仕事の事情もいろいろあって……。そうか、俺自身がはじけてなかったのか。でも、いやあよかった、楽しいね。こういうの大好きさー。俺、サザン入れるよー」

「わぁ、サザンいいですね。リクエストしてもいいですか！」

さすがに大将もこの歳になってハシゴ酒をすることが減ってきていたのだが、この日はさらにアーケード下の屋台で数杯あおり、しかしまだまだ語り足らず、締めのラーメンまでしっかり胃袋に収めたのだが、まだコンビニでビールとつまみを買おうとしている。だめだ、この二人の勢いでは夜が明けかねない。

「宮國さん、そろそろ帰らないと。大事な家族が待ってるわよ」

瀬上がそう言うと、二人は渋々解散を決意したように「またね」と再開を誓って握手を交わす。彼が乗ったタクシーのテールランプが見えなくなるまで三人は手を振って見送った。

この島には、普通に来ても見えない暮らしや文化がある
いま隣にいる人の心ですら
本当には知り得ないのだから見えなくて当然ではあるが

幾度目かになる今回の沖縄は
〝外から訪れる〟だけの旅、からもう一歩踏み込んで
うちなーへ近づくことを試みる旅路だった

「人との距離が近い」
沖縄に生きる人が
口を揃えて言う台詞を少しでも感じたくて
心を交わしたくて

いつだったか、何の文献だか忘れたが
綺麗なうちなーぐちを目にしたことがある

〝ちむ うらー きゆん〟

マツおばぁは、朝からこの縁側で芭蕉布の仕事をして
昼から大好きなご近所とゆんたくして
暗くなったら寝る。それがわたしの人生の生き甲斐だと言い切った

心を交わしてこそ得られる感覚がある

ちむ うらー きゆん、心が洗い清められる

こんな年齢になっても、自分の行き先が見えない自分がいる
ただシンプルな日常を見つけたいだけなのに

だからわたしたちは
少しの志だけをバッグに詰めて、また旅に出ようと思う

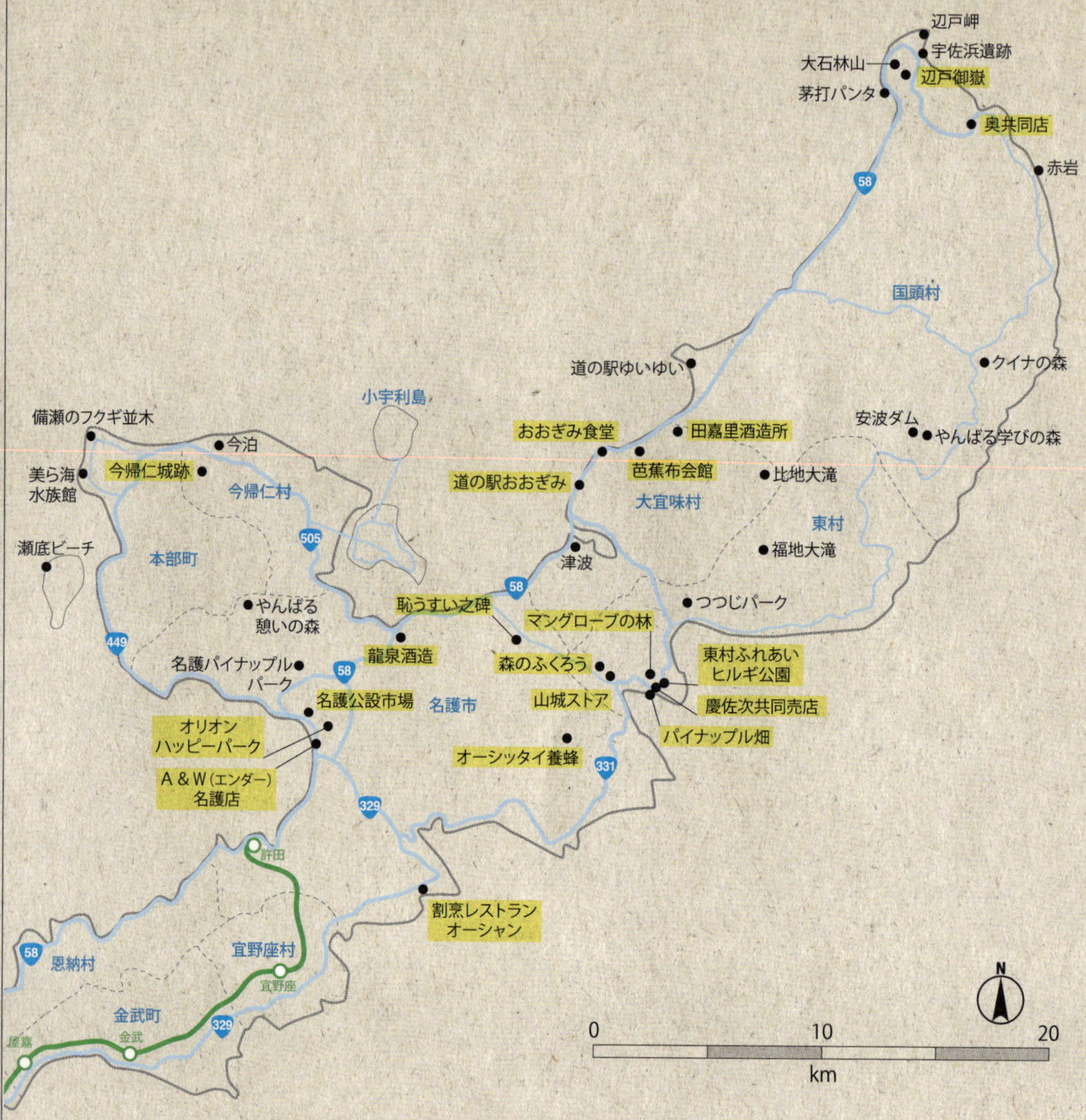

旧暦

1月1日　旧正月（ソーグヮチ）
3日　初起こし（ハチウクシー）
4日　火の神迎え（ヒヌカンウンケー）
7日　七日節句（ナンカヌスク）
16日　十六日祭（ジュウルクニチー）
20日　二十日正月（ハチカソーグヮチ）
吉日　親田御願（ウェーダウガン）〈田植えの儀式〉
2月15日　二月ウマチー〈麦の初穂祭〉
吉日　春の彼岸〈新暦2015年3月18日～24日〉
3月3日　浜下り（ハマウリ）
15日　三月ウマチー〈麦の感謝祭〉
吉日　清明祭（シーミーサイ）
4月吉日　畦払い（アブシバレー）
15日　山止め
27日　山止め解除、ハーリー鐘鳴る
5月4日　四日の日（ユッカヌヒー）〈爬龍船競争〉
5日　五月五日（グングヮチグニチ）
15日　五月ウマチー〈稲の初穂祭〉
吉日　原山勝負（ハルヤマスーブ）
6月15日　六月ウマチー〈稲の収穫祭〉
25日　六月カシチー〈稲の感謝祭〉
吉日　プーリ〈八重山豊年祭〉
吉日　シヌグ〈八重山豊作・豊漁祈願〉
7月7日　七夕（タナバタ）
13日　旧盆・精霊迎え（ウンケー）
14日　旧盆・中日（ナカビー）
15日　旧盆・精霊送り（ウークイ）／エイサー
旧盆明け亥の日　シヌグ／海神祭（ウンジャミ）
8月8日　米寿（トーカチ）
10日　赤カシチー／柴差し（シバサシ）
15日　八月十五夜（ジュウグヤ）
吉日　秋の彼岸〈新暦2015年9月20日～26日〉
9月7日　風車祭（カジマヤー）〈九十七歳祝い〉

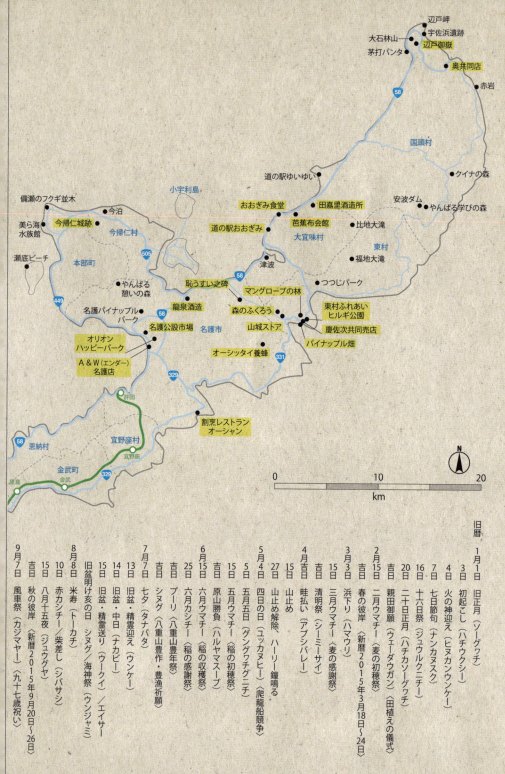

沖縄本島MAP

9日　菊酒（チクザキ）
13日　十三夜
吉日　パーントゥー
10月1日　竈廻り（カママーイ）
吉日　種子取（タニドゥル）
11月中旬　冬至（トゥンジー）
12月8日　鬼餅（ムーチー）
24日　火の神昇天・御願解き（ウグヮンブトゥチ）
30日　大晦日（トゥシヌユゥル）

旅の雑記帖

旅とは出会いを求める好奇心

時には強引に、時には偶然に

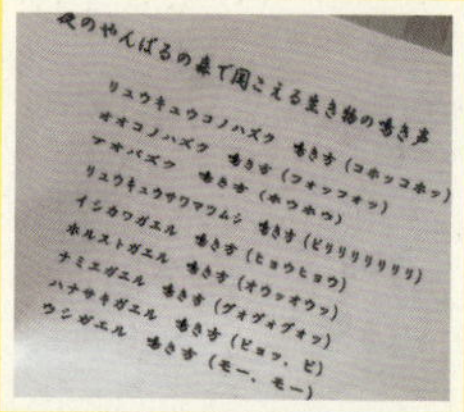

やんばるの動物の鳴き声

絶滅危惧種のふくろう、リュウキュウコノハズクは“コホッコホッ”と鳴くそうです。まぁ、やんばるの森へ生き物の声を聞きに行ける機会もそう無いかもしれませんが…。

慶佐次共同売店

東村ふれあいヒルギ公園の道向かいにある、共同売店。お弁当や食料品、雑貨など、なんでもあります。穫りたてパインやおばぁの手づくり品なんかもあり、とても楽しいお店。

国頭郡東村慶佐次

クイナの看板

まだ一度も遭遇したことの無いヤンバルクイナ。地球上でやんばるだけに住む天然記念物です。最近、交通事故で死ぬクイナも多いのだとか。ドライバーの皆さん気を付けて。

奥共同店

共同店とは、地域住民が共同出資して運営するお店のことで、沖縄で生まれた独特な事業形態です。この奥共同店は、1906年に開店した最古の売店で、いまも村のシンボルです。

国頭郡国頭村奥

山城ストアー

地元の人から「マリコさん」と慕われるチュラカーギー（美人）ママのいる店。北部東海岸側にはコンビニが一軒も無いので、地域の方には無くてはならない大切なお店なのです。

国頭郡東村字有銘

森のふくろう

ご夫婦で切り盛りする、やんばるの森の奥深くにある隠れ家的レストラン。自家製の旬の野菜で美味しい家庭料理がいただけます。隠しカラオケ室（ステージ付）もありますよ。

国頭郡東村有銘

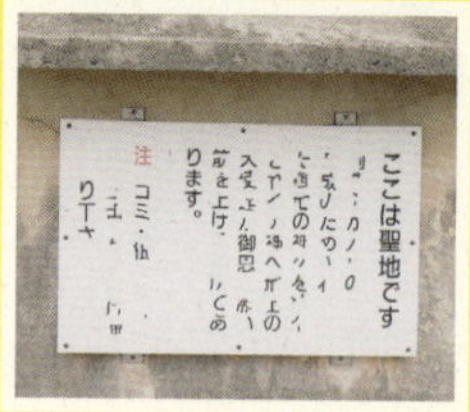

辺戸御嶽（安須森御嶽）

沖縄本島最北端にある、アマミキヨが琉球開闢（かいびゃく）したとされる聖地。入口の看板にはかつては数百万人が参拝したとありました。我々も厳粛な気持ちで参拝。

国頭郡国頭村

※掲載の情報は、わたしたちが旅の途中で見聞した内容、パンフレットなどに基づいてご紹介しています。（2015年3月1日現在）

東村のパイナップル畑

パイナップルは松ぼっくり(パイン)に似ていて、アップルのような香りがすることから、名前が付いたとか。ちなみに日本一のパイナップル生産量を誇る場所が、東村なのですよ。

恥うすい之碑

村外恋愛が御法度の時代、男女が村境の山中で人目を忍んで逢っていたが、男が浮気していると勘違いした娘がいつもの待ち合わせ場所で自殺。それを見た男も自殺…。

県道14号線(東村有銘と名護市源河の境)

東村ふれあいヒルギ公園

本島最大のヒルギ(マングローブ)林群の中にある、雄大な景色が広がる公園。駐車場のカニのモニュメント(ちょっとリアル)が目印。エコツアーの相談も受付けてくれますよ。

国頭郡東村字慶佐次

喜如嘉の集落

P44-45でマツおばぁが芭蕉の糸よりをしていたのは大宜味村喜如嘉ではよく見られる光景。沖縄らしい赤瓦の平屋が多く見られる町並みが特徴的です。村内には芭蕉布会館も。

国頭郡大宜味村喜如嘉

平良さんの「にがあま」

共同売店でおススメされた、苦みのある蜂蜜は、オーシッタイ(名護市源河)の森にあるアサグラの花の蜜。癖になる味ですよ。パッケージのイラストも平良さんお手製!

マングローブのエコツアー

マングローブ林の中を、カヌーでゆっくり進むエコツアーは本当に素晴らしい体験です。ちなみに「マングローブ」とは、熱帯地域の海水と淡水が混ざった地に生育する植物の総称。

問:東村観光推進協議会

田嘉里酒造所

本島の最北にある酒造所は、地域の人々から親しみを込めて"〇田"(まるた)と呼ばれています。生産量の約7割が北部で消費されるというから、まさに「地元の泡盛」!

大宜味村字田嘉里　takazato-maruta.jp

世界遺産、今帰仁城跡

以前訪れた時はあまりに殺風景だったのですが、いまは休憩施設なども完備されています。近くの今帰仁村歴史文化センターで予習してから見学することをおススメします。

国頭郡今帰仁村今泊

沖縄の天ぷら

本土のカリッとした「天ぷら」と違い、沖縄の天ぷらは衣が厚くて、まさにスナック感覚。ソースをつけて食べるのが、うちなんちゅ流。スーパー等にあるから、絶対食べるべしです。

名護公設市場

名護十字路の市場です。昔はこんなに綺麗だったかなぁ？聞くと数年前に建替えたのだとか。地元のお菓子屋さんや寿司屋さん、天ぷら屋さんなどが、相変わらずズラリ。

名護市城

糸芭蕉

大宜味村の喜如嘉（きじょか）に行くと、糸芭蕉が栽培されていますが、今や本島で芭蕉布が織られているのはここだけなんだそう。マツおばぁの家でも栽培していました。

沖縄の親子丼

野菜たっぷりなのが沖縄の親子丼。チャンプルーっぽくて美味しいです。ちなみに、「おかず」を頼むと野菜炒めが、「ちゃんぽん」はライスの上に野菜炒めと卵が乗っていました。

中央パークアベニュー

戦後ＢＣ（ビジネスセンター）と呼ばれた通り。当時コザには白人街と黒人街とがあり、このＢＣ通り周辺は白人街でした。今も米軍相手の飲食店や衣料品店が数多く並んでいます。

沖縄市中央

割烹レストラン オーシャン

牛丼、寿司に洋食と何でもござれで、しかも美味。お客さんは在日米軍とその関係者が殆ど。当日も若い米兵がメガ盛の牛丼を注文していました。「観光客？来ないよ」だって。

名護市辺野古

海辺のおおぎみ食堂

お母さん２人の笑顔が魅力的。２階にあるので見晴らしが素晴らしいです。自家製のタレで漬けたとんかつや、ボリューム満点の野菜炒め（生姜焼きのせ！）はソバ入り汁付です。

国頭郡大宜味村

オリオンビール

オリオンビール、なんて旨いんでしょう。今は本土向けの物がアサヒから発売されていますが、製造はオリオンビール。本土の缶は、★★★の上にAsahiの文字が入っています。

龍泉

吉本さんのご自宅でいただいた龍泉。この泡盛は個人的に好きで飲んだことがありますが、なんと吉本さんの親戚の酒造所だと聞きびっくり。帰りに酒蔵見学もしました。

名護市字仲尾次

くみすくちん茶

道の駅おおぎみで「毎日飲んでるわ」とレジで言われて買った一品。飲んでみるとなるほど、薬草茶好きにはたまらない滋味豊かな味。様々な効能が期待できるお茶なのだとか。

ゆいレールの切符

沖縄で唯一の鉄道、ゆいレールですが、開業当初はおばぁが靴を脱いで乗車したという逸話が。切符は“ピッ！”と翳すだけという、東京でも見かけ無いほど珍しいもの。

地元では「エンダー」といいます

1963年に登場した、ドライブインタイプの日本初ファストフードレストラン、A&W。当時はローラースケートを履いた女性が、クルマまで運んでくれました。ルートビアは癖になる味。

ベトナム通り

キャンプシールズの近くで開催されるフリマ。とにかくいろんな物が売られていましたが、開いたフェンスの中（黙認地）には食堂などもあり、少しアングラな雰囲気が漂います。

沖縄市

うつわ＋喫茶 ボノホ

南城市の住宅街を少し登ると広い庭にテラスのある造形作家の佐藤さんのご自宅兼ギャラリー。器を眺めながら、美味しい珈琲を、ゆっくりのんびりいただきました。

南城市佐敷　makoto780801.ti-da.net

言事堂

南房総「安房暮らしの研究所」の菅野さんからご紹介いただいた、言事堂（ことことどう）さん。店内は美術や工芸周辺に特化した書籍がびっしり。RND_輪土もあります。

那覇市　journal.books-cotocoto.com

コザの街並み

ノスタルジックな空気が漂うコザ。朝鮮戦争やベトナム戦争時のペイデイ（米軍給料日）は大変な賑わいだったとか。現在は音楽の街として盛り上がりをみせ始めています。

沖縄市

atelier+shop COCOCO

上の写真、ココココさんの門構えです。最初はここにまさかアトリエがあると思わず（隣の建物の壁に見えた）、何度も前を往復。思いきってこのドアを開けると、何とも広大な空間が。

南城市玉城　www.cococo-shop.com

すば

滞在中幾度となく口にする沖縄そば。木の灰でつないだ麺のせいか、鰹と豚から取った透明な出汁のせいか……。そのシンプルな味は毎日食べたいくらいクセになります。

コンクリート建築の意匠

戦後に米軍基地から影響を受けたコンクリート建築。特徴的な意匠が沖縄に多いのは、それまで大工だった人が型枠職人になったからだとか。なるほど、凝ってますね。

〆の、卵スパムおにぎり

「大体、〆はスパムおにぎりだよー」と、飲んだ帰りに宮國さんに言われてスーパーで買いました。味は想像通り美味しいのですが、大きくて食べるのが辛い。

沖縄のおべんとう

沖縄のお弁当は、基本的にご飯の上にもおかずがモリモリ乗っているのが特徴です。これは少し白米が見えていますが、見えない店もあります……。これで味噌汁付400円也。

ぜんざい

知っている方も多いかもしれませんが、沖縄で「ぜんざい」といえば「カキ氷」のこと。今回は冬に訪れたので食べませんでしたが、夏に行く時にはまた食べたいなぁ。

サーターてんぷら

いつも思うのですが本土で見かけるサーターアンダギーは大きくて甘過ぎるきらいがあるようです。吉本家のは小ぶりで、あっさりしていて、酒のつまみにも意外とグッドでした。

コンビーフハッシュ

最近は本土でもたまに見かける、コンビーフハッシュ。コンビーフにジャガイモが入っているのですが、沖縄では「コンビーフ」と言えば、ジャガイモ入りのこのタイプを差します。

くんなとぅ

奥武島への橋のたもとにある、くんなとぅ。もずくそばで有名ですが、セットにするともずくの天ぷらやもずくゼリーなんかも付いてきて、しかも、生もずく食べ放題という太っ腹！

南城市玉城志堅原

祝い古酒

吉本家でいただいた祝い古酒（クースー）。息子さんと娘さんの入学式でいただいた龍泉の泡盛だとか。遠慮なく、と言われ、遠慮なく（ほぼ）呑みました。12年物の古酒は旨い！

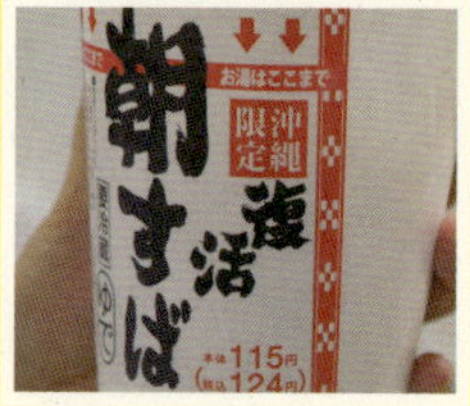

朝すば

名護で呑んだ後、ふらっと立寄ったコンビニにあったのが、この「復活 朝すば」。生麺なので麺の食感も楽しめますが、出汁もなかなか旨い。沖縄限定商品なのが残念です。

まるまんの山羊汁

山羊汁、美味！しかもおかずを2皿もサービスで出していただいて感謝です。昔は家でも山羊汁を食べていたそうですが、「街（那覇周辺）ではもう作らない家が多い」とか。

那覇の栄町通り

飛行機からスヌイ

沖縄ではモズクを「スヌイ」と呼びますが、このスヌイの天ぷらも大人気。スーパーには冷凍のスヌイ天ぷらが普通にあります。東京ではお目にかかれないんだよなぁ、これが。

ターンム

祭事には欠かせないのがこれ。沖縄のサトイモなのですが、蒸したもののみが出荷されます(生は入手できない)。ドゥルワカシーの天ぷらが、これまた美味しいんですよ。

金武町にて撮影

亀甲墓

門中(むんちゅう※)を大切にする沖縄では、所有する土地に親族のお墓をつくる風習があります。「清明祭(シーミー)」の日にはお墓の前で宴会をするのだとか。うーん楽しそう。

※:父系血縁親族のこと。

古酒あずかります

通年の気温が18度の金武鍾乳洞を、なんと古酒蔵に。洞窟内は金武観音寺の拝所として訪れる方もいました。一般客でも購入した泡盛を寝かせておくことができるそうですよ。

金武町金武

ゲートワンのタコス

キャンプハンセンの前にある人気タコス店、「ゲートワン」。バーガー類やタコライス等、いろんなメニューがありますが、ちょっとヘビーなので、シンプルなタコスが好きかな。

金武町金武

Aサイン

1953年に発行された、米軍人に対する飲食提供に関する衛生許可証のこと。レストランは赤、バーやクラブは青などと区別されていたそうです。沖縄返還直前の1972年に廃止。

ムーチー

行事の多い旧暦の12月から1月末頃までが、お餅屋さんの繁忙期。聞くと沖縄のお餅は、もち粉を水でこねて蒸したものが一般的だとか。本土の餅と違って柔らかい印象でした。

白ワインの謎

森のふくろうで白ワインをお願いしたら「白はないさー」とのこと。沖縄でワインと言えば、赤ワインのことなのだそうです。代わりに東村のパイン(白?)ワインが美味しかった!

シーサーの左右

右のシーサーは口を開いて「阿(あ)」と言っており、左は口を閉じ「吽(うん)」と言っています。これは「始めと終わり」を意味する仏教(密教)思想。魔除け&福を呼ぶ縁起物。

つくるひと

「沖縄へは、紅型がしたくて来たんです」。12年前、紅型を学ぶために沖縄へ移り住んだ縄トモコさん。数ある工芸の中でも紅型に惹かれた理由は、何より目をうばわれるような色鮮やかさだといいます。型紙に“突き彫り”の技法で図柄を彫り、いくつもの繊細な工程を経て染める紅型は、琉球王朝の繁栄とともに花開いた伝統工芸で、型染めの中でも特に表情豊か。隈取りというぼかしによって独特の表情が生まれます。

伝統的な手法を継承しつつも、彼女の表現は古典的表現に縛られることなくとても自由。暮らしの中で目にした沖縄の植物や自然の風景、風習、そして旅の記憶と、彼女自身の日々の積み重ねとともにモチーフや表現も移ろっていくようです。着物など、従来の需要は一時期より減少傾向にあるようですが、彼女の作品を見ていると、今の時代にあったテキスタイルとしての可能性を感じます。

沖縄に暮らし続ける理由を問うと、「沖縄を離れてしまうと色が変わるといいます。太陽の光の加減が違うのでしょうね。つくり手の友人もたくさん住んでますし、少なくとも今はここを離れる気持ちはありません」。訪れた日は小雨の降るあいにくの空模様。次回は太陽の光が眩しい季節に紅型の色彩を堪能したいと、期待が高まるのでした。

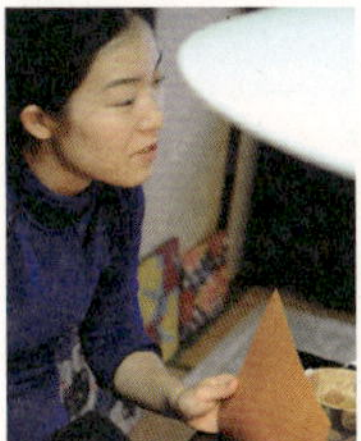

ここにある自然を、沖縄の太陽のもとで

縄 トモコさん　紅型

鳥取県生まれ。2003年沖縄県へ移住、金城紅型染工房・普天満紅型工房で紅型を学ぶ。2007年、独立を機に自己ブランド「紅型ナワチョウ」を設立、異なったジャンルの物作りユニット「ココロ工房」を結成（紅型・陶器・写真）し、沖縄県内外で個展活動を展開中。

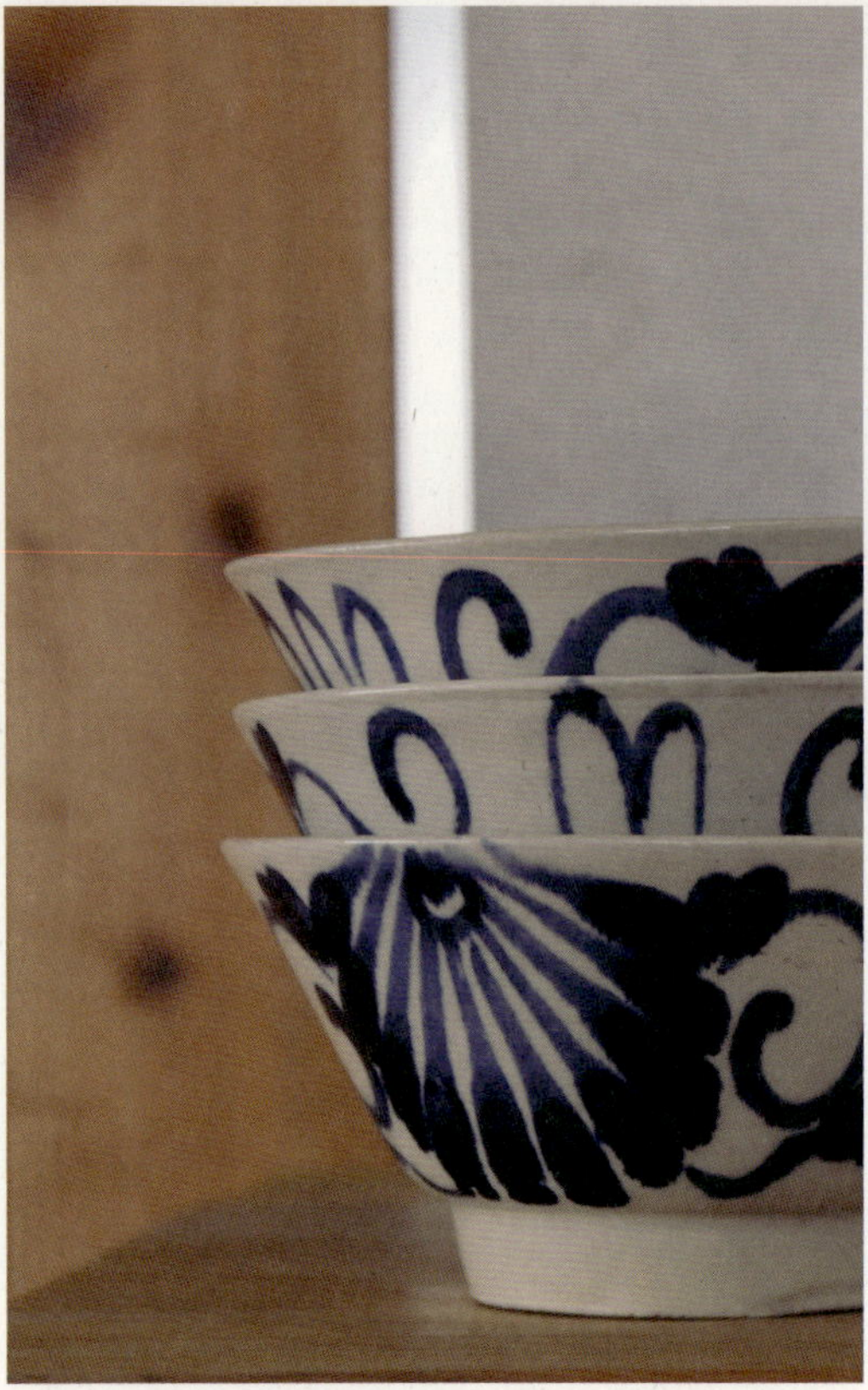

「19世紀、琉球時代のお茶碗を触らせてもらったらビンビンきて、やっと自分の居場所を見つけたなと思ったよ」

29年前、沖縄へ来たばかりの頃を振り返りながら、そう語るのは読谷村で陶器工房を構える壹岐幸二さん。故郷の京都を出てできるだけ遠くへ行きたい一心で沖縄に来たという彼ですが、当時壺屋通りで見たぼってりした造形が受け入れられず、失意のうちに学生生活を送っていたといいます。そんな折、後の師匠となる大嶺實清教授との出会いがあったのだとか。そして沖縄の美はこれだけじゃない、と県立博物館で触らせてもらったのが白地にコバルトで染め付けされたマカイ碗でした。

「琉球時代のものは当時の東アジアの息吹をまとって品があり、成り立ちを感じさせる造形が刻まれて完成度もほどよい。民藝運動の後、普及したいわゆる"やちむん"より、琉球時代のものに沖縄らしい美を感じたんや」

京都出身の彼は、ウチナーンチュ（沖縄出身者）ではないものの、外から来た人間だからこそ見えるもの、できることもあると語ります。

「現代にうまく伝わって来なかった琉球の文化を今につなげたいという思いがあって、白化粧の器をつくり続けとるんや」という言葉が、自らが沖縄で生きる道筋を真っ直ぐ見つめていることを物語っていました。

琉球の文化を今につなげる白化粧の器

壹岐 幸二さん　陶

京都生まれ。沖縄県立芸術大学の一期生として陶芸を専攻し、1991年研究生終了。読谷山焼の大嶺實清氏に師事。1996年、陶器工房「壹」を設立。白化粧にコバルトの染め付けの器は人気が高く、沖縄をはじめ、全国各地での個展やグループ展も多数。

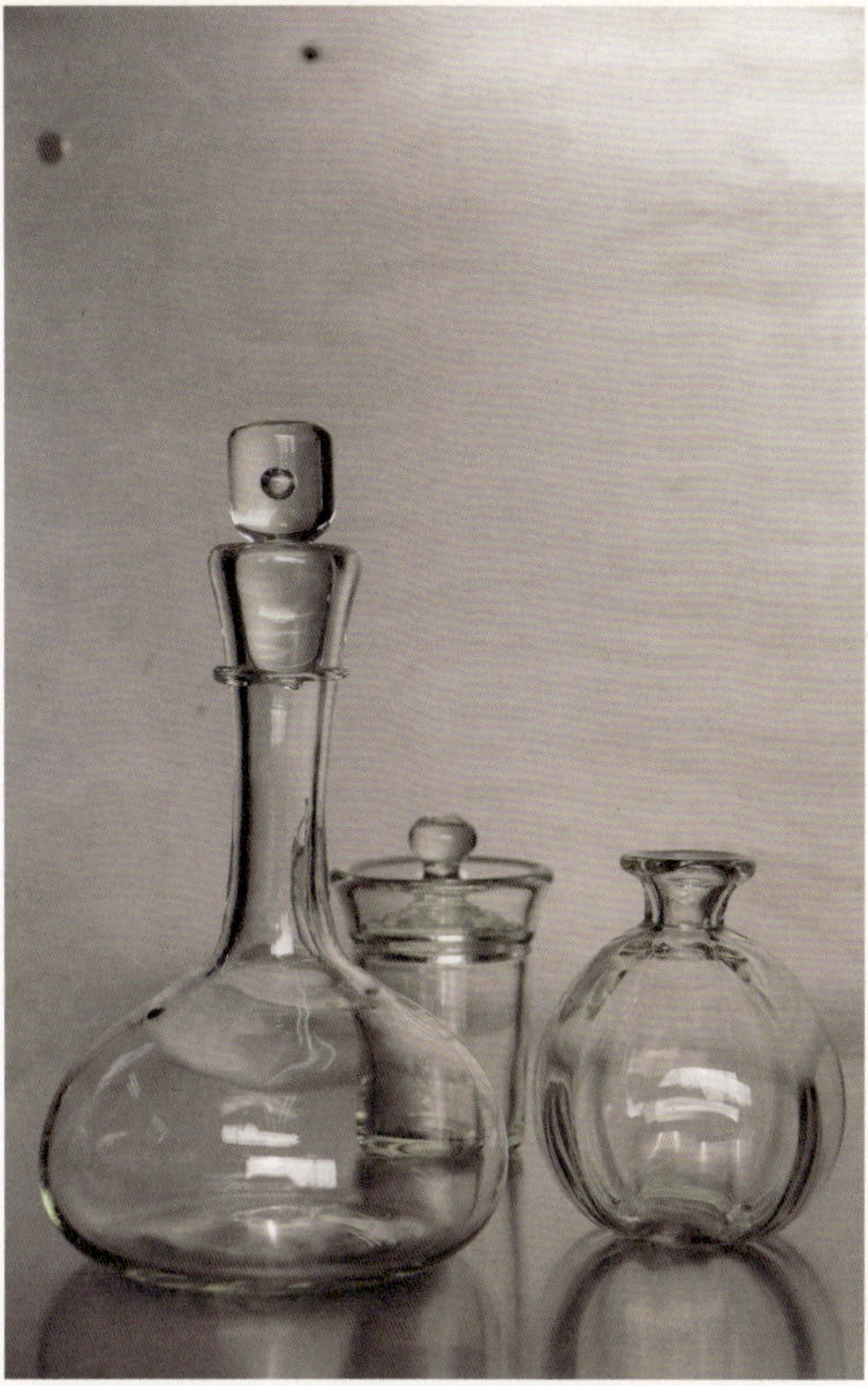

年の瀬が近いのが嘘のように汗ばむほどの陽気の中、訪れたのはうるま市にあるガラス作家、松本栄さんの工房でした。

「友人のお父さんで陶芸をやっている人がいたんですけどね、その破天荒で自由な生き方に憧れたんですよね。いずれは独立したいと思って工房へ入って始めたガラスでしたが、いつかはと思っているうちに15年経って、ようやく独立できました」

琉球ガラスは戦後に生活雑器として生まれ、その後観光産業として盛んになったため、作家個人ではなく、チーム体制で安定して量産されてきました。今でこそ個人作家のガラス工房も増えてきていますが、琉球ガラスはひとつの産業を支えるガラス職人であり、"自由に生きられるアーティスト"ではありませんでした。でも時代は少しずつ変わってきたといいます。

「昔は大卒でガラスの道へ進む地元の男の子は皆無でしたけど、最近は増えてきました。僕らがその道を見せることが、大事だと思います。歴史の浅い沖縄のガラスだからこそ、第一世代も含めて地に足をつけて長く続けることで初めて作品に説得力が生まれて、何かいい流れが生まれるんじゃないかな」。様々な経験を経て独立した彼こそが、琉球ガラスの新世代を象徴する存在であるように見えました。

地に足をつけて
再生ガラスと向き合う

松本 栄さん　ガラス

沖縄生まれ。沖縄国際大学を卒業後、「汗をかくのが好き」という理由で共栄ガラス工房へ入社。3年半ガラス制作を経験後、ガラス工房清天へ入社。数年後工場長を務め、11年半在籍した後に独立して、2011年ガラス工房「てとてと」を設立し、日々ガラスの器を制作する。

「工房に入って、いつになればロクロが回せるのかなと思っていたら、そこはシーサーの陶房だったんです」と大らかに笑う大海陽一さん。志はそれほど大きくなかったと言いながらも20年以上個性的なシーサーをつくり続ける熟練の作家です。東京から移住し、とにかく手仕事をしたかったという彼は、壺屋焼の窯元で4年半修行して独立。北部に構えた陶房でシーサーの置物や香炉など一点ものを手びねりでつくっています。

「シーサーってつくるのは飽きないのですが、他に用途がないでしょう。一生に一度買うかどうかですから、もっと使ってもらえるものを、と香炉をつくり始めたんです」

建物の上に置かれ、火事や疫病から守る厄除けとして知られるシーサー。型でつくられることも多いといいますが、彼は自由で細やかな表現が可能な手びねりにこだわって、イキイキとした表情をつくり出しています。いわゆる“おすわり”ポーズが多いシーサーですが、大海さんの作品は四本の足でしっかり踏ん張る姿が特徴的。今にも動き出しそうな生命力あふれる表情で、一度目が合うともう視線を外せなくなってしまうのです。

対話していると笑顔が伝染するような陽気さと作品に向かう時の真剣な眼差し。その両面が作品の表情に現れています。

型にはまらない
生命力あふれる獅子

大海 陽一さん　陶

東京都生まれ。1993年、壺屋焼窯元、島袋常栄氏に師事。1998年に独立し、国頭郡本部町の八重岳で穴窯を築窯。2003年、大宜味村に移転し、沖縄の赤瓦の粘土を使って素朴な風合いの手びねりでシーサーを中心に作陶している。

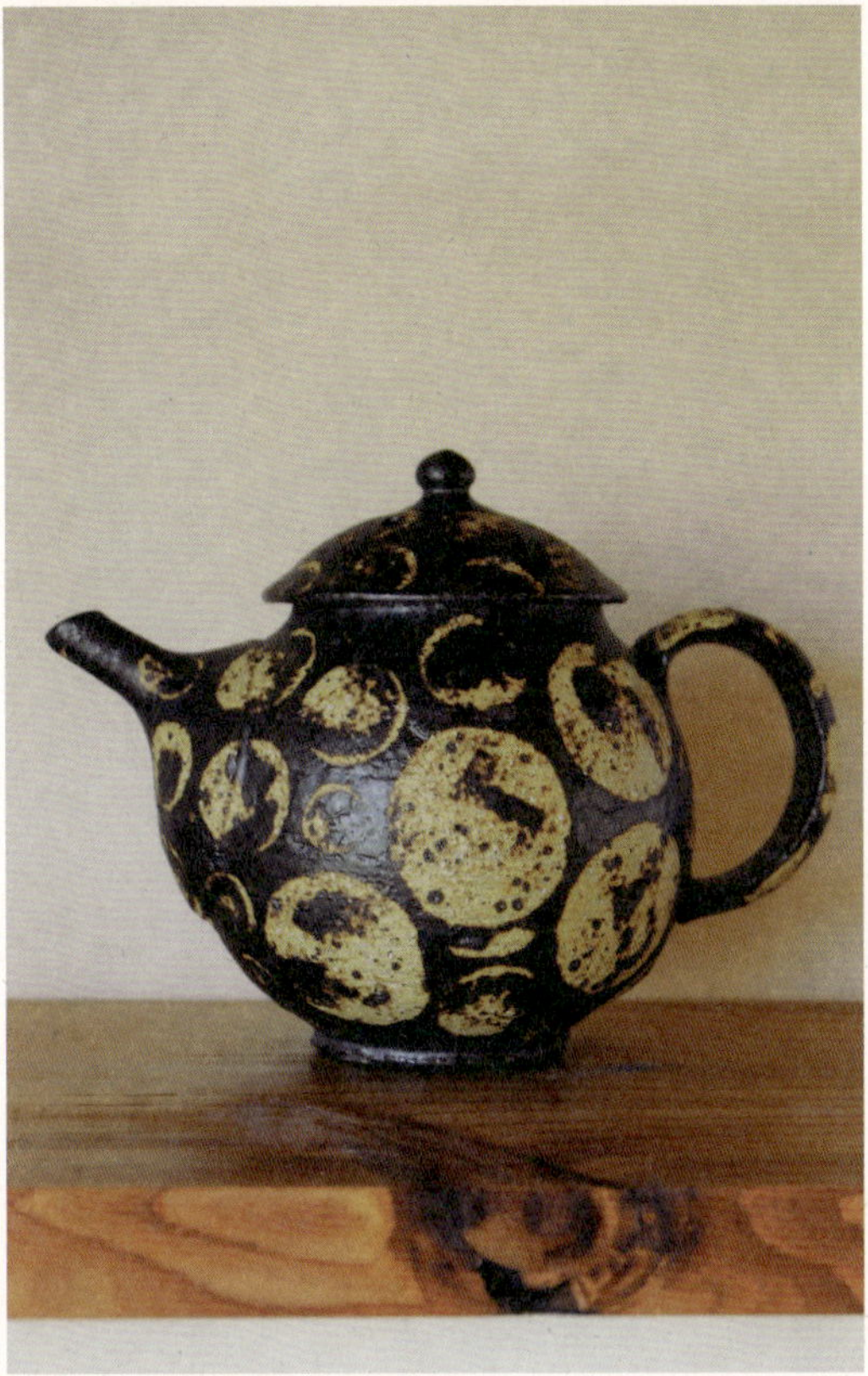

「もともと絵描きになりたかったんですよ。でも八重山のパナリ焼きに惹かれて、陶芸の道へ進みました。本当に大らかで素朴な土器なんですよ」と陶芸家の山田義力さんが見せてくれたのは、野性的でぽってりと丸みを帯びたフォルムが印象的な、本物のパナリ焼きでした。かつてパナリ島（新城島）では、夜光貝を練り込んだ陶土を海辺で野焼きして、その赤みがかった土器をつくっていたのだといいます。

「沖縄の古窯に自分のアイデンティティを呼び起こされましたね。若い頃は特に島っぽいものに抵抗があったのですが、こんなに近くに良いものがあったじゃないかって」

13年前に独立してしばらく野焼きでオブジェをつくっていたという彼ですが、今は器や大きな壺など人が日常の中で使う道具を中心に手掛けています。古窯の壺や過去のオブジェ作品と一緒に違和感なく並べられた器は、土の質感を生かし、堂々とした存在感のあるフォルムの中に心地良い緊張感が保たれています。昔ながらの蹴ロクロで手と足を使って全身で土にぶつかっていくようにしてつくると聞いて得心しました。

「余裕ができてきたら、また野焼きで作品をつくろうかな」。そう語る目線の先には、冬晴れの空の下、収穫を待つサトウキビが風にそよいでいました。

自分のアイデンティティを古窯に呼び起こされて

山田 義力さん　陶

沖縄県生まれ。沖縄県立芸術大学で大嶺實清教授に陶芸を学び、卒業後は大嶺工房で経験を積んで、3年後に独立して陶房「土火人」を開窯。八重山のパナリ焼きなど古い陶器に刺激を受け、現在も昔ながらの"蹴ろくろ"で作陶を続けている。

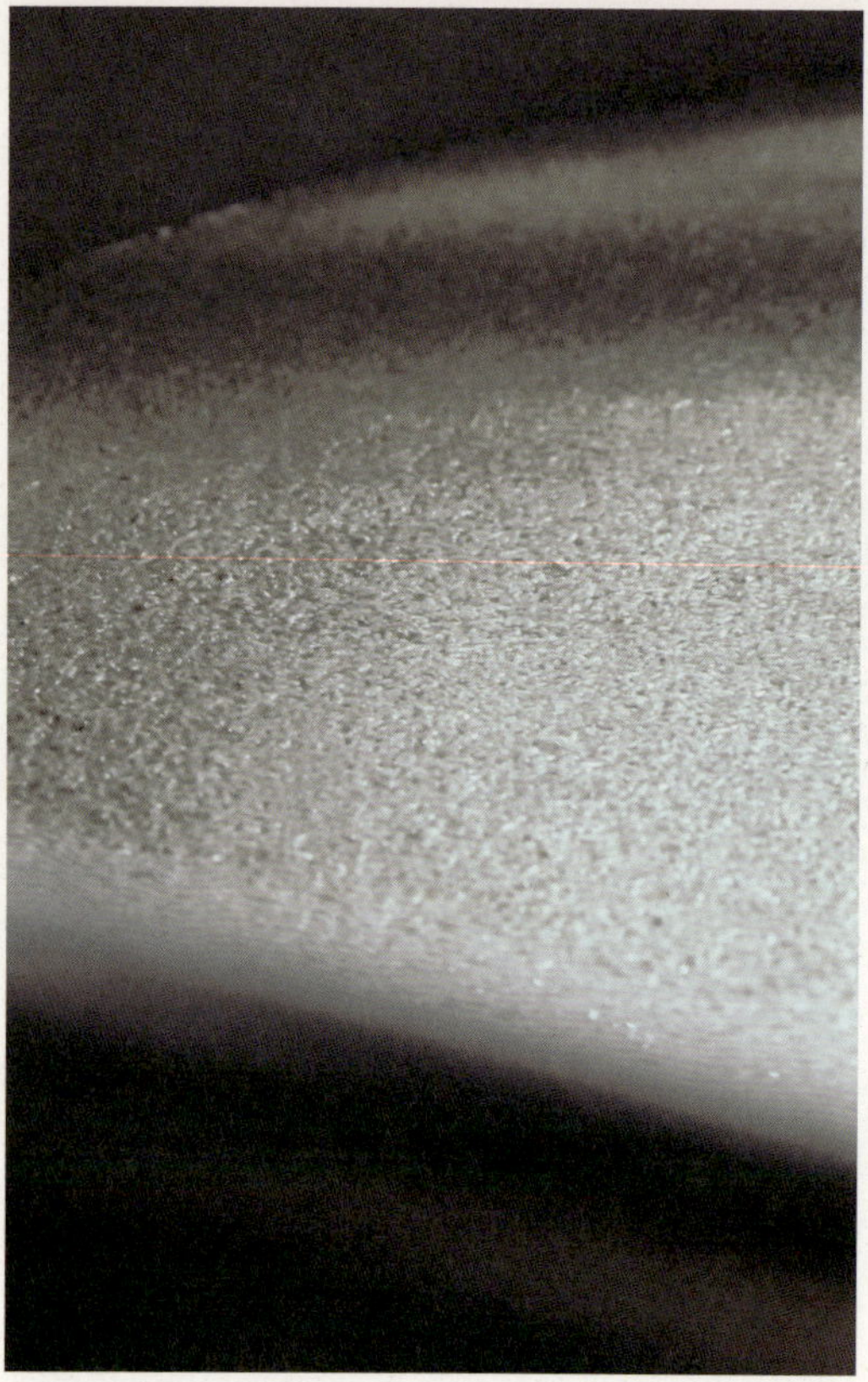

山以外には視界を遮るものがなく、より空が高く広く感じられる大宜味村、田嘉里地区。本島では最も北に位置する泡盛醸造所、田嘉里酒造所の琉球泡盛「まるた」は、やんばるの山から汲み上げた美味しい天然水で仕込まれています。

「山の水は黒麹菌と相性もよくて麹の力を最大に発揮させてくれるんです。700kgのタイ米は全て米麹にして、水と酵母を加えて25日ほどかけて低温でじっくり開放発酵します。発酵時間は一般的な泡盛の1.8倍くらいでしょうか。その方が酒質がよくなって、まろやかで綺麗な味になるんですよ」

甘酸っぱいフルーツの香りが漂うもろみタンクの前で、琉球泡盛の造り方を語る広報担当の池原文子さんは生まれも育ちも大宜味村。一度は東京は出るも郷里へ戻り、「まるた」の魅力を伝え続けています。

生産量の8割が地元の北部エリアで消費され、那覇市内や県外への出荷は少数だという希少な泡盛。最高の状態でお届けするために度数20%以下の純度の低い原酒は混ぜないのだとか。熟成後、古酒はできるだけ濾過を抑えて3年以上、一般酒でも1年以上は貯蔵熟成させるこだわりよう。

大自然の懐に抱かれて佇む小さな酒蔵では、今日もゆったり流れるやんばる時間で地元で愛される泡盛を醸し続けています。

長寿の里で
じっくり醸す泡盛

池原 文子さん　泡盛

本島北部最北の琉球泡盛の醸造所である大宜味村、田嘉里酒造所は、昭和25年に集落共有の酒造所としてスタート。二代目蔵元の孫にあたる文子さんは広報を務めている。沖縄県原産の黒麹菌を使って、沖縄で造られた泡盛のみが“琉球泡盛”と表示することができる。

美味しい珈琲を淹れてくれると聞いて訪れた店は、造形作家、佐藤尚理さんが営むギャラリーショップでした。芳ばしい香りが漂う空間には、象嵌の手法でつくられた色彩豊かでユーモラスな形の器が並んでいます。珈琲を待つ間、ゆっくり眺めているうちにどんどん彼の世界へ引き込まれてしまう不思議な感覚に陥りました。

「つくりたい形はその時々でどんどん変わっていくんですよ。もともとは彫刻家として立体作品をつくっていたんです」

なるほど道理でコップの形をしているのにオブジェのような佇まいをしていると妙に納得してもう少しをお話を伺いました。沖縄の大学で彫刻を学び、彫刻家として活動していた彼が陶芸を始めたのは6年ほど前のことだとか。

じっくり店内を見まわすと彼方此方に人や鳥、生き物のオブジェが潜んでいました。どれもが何かを悟ったような静穏な表情で、ふっと肩の力が抜けるような空気をまとっています。その気配が器と同じつくり手の作品であることを物語っていました。陶芸家や彫刻家という職域を限定する肩書きは彼には似合わないように思います。もちろん使えるようにつくられているのですが、傍で見ているだけで楽しい気持ちになれる、それが最大の用途かもしれません。

造形作家が象る
気配のある器

佐藤 尚理さん　陶

長野県生まれ。沖縄県立芸術大学で彫刻を学び、卒業後は彫刻家として活動し、ドイツの芸大への留学を経て帰国後に陶芸を始める。2013年、自宅を自ら改装して、うつわ+喫茶 ボノホをオープンし、同じ敷地内の工房で作陶しながらギャラリーショップを営んでいる。

南城市のatelier+shop COCOCOは、陶芸家のヨコイマサシさんが6年前に立ち上げた工房兼お店です。プロダクトの世界から、手仕事の道へ転身した彼は、伝統工芸壺屋焼の窯元で経験を積んで独立。実用的な器やオブジェ作品を手掛けながら、彼自身が考案した“紅型陶器”という、紅型染めと陶芸の技法を組み合わせた新しいジャンルを切り拓きました。

「沖縄独特の工芸として誰にでも伝えて広めていけるような手法を考えました。工程は紅型染めと同じなんですよ」

紅型作家の縄トモコさん(47頁)との共同作業で板状の陶土に紅型染めと同じ要領で化粧を施し、焼成するという紅型陶器のプレートは、今までにない独特の風合いの仕上がりに。沖縄の伝統工芸の未来の可能性を感じさせられました。

そして敷地内には“ビンfood(左頁)”の店もあり、ちょっとした複合スポットとなっています。クリエイターのつながりが強いという沖縄の、現在の在り方が垣間見えました。

「工房も手狭になってきたからもう少し広い場所へ移転予定です」とヨコイさん。今も十分広々とした素敵な空間なのですが、きっとさらに魅力的で、つくり手やお客様がたくさん集ってくる場所になるに違いないと、次なる展開が今から楽しみです。

新しい工芸の形を生み出すこと

ヨコイ マサシさん　陶

愛知県生まれ。武蔵野美術大学卒業後、企業でのプロダクトデザインの経験を経て、沖縄にて陶芸に出会う。2008年、那覇市の伝統工芸壺屋焼窯元の育陶園から卒業し沖縄県南城市に工房を構える。2009年1月にatelier+shop COCOCOをオープン。器や“紅型陶器”を手掛ける。

atelier+shop COCOCO(右頁)の敷地内にある小さな建物の軒先に、ずらりと並んだガラス瓶。吸い寄せられるように手にとったのは、沖縄県産の食材にこだわったビン詰め食品でした。中に見えるのは、琉球マスタード、旬の島野菜のピクルスなど、どれも沖縄らしく個性的です。

安心して食べられる商品をモットーに活動する"ビンfood"は、飯塚のぞみさんと加藤恵子さんによる食品制作ユニット。添加物の入っている市販の飲料にふと疑問を持ったことをきっかけに、添加物を使わずに食品を手づくりするようになったといいます。代表の飯塚さんは、農薬や化学肥料に頼らない栽培方法や有機栽培された原材料にもこだわります。

何より生産者の顔が見える食材ということにもこだわっていて、食材の一つひとつに産地を表示して販売。そして"顔が見える"のは、生産者だけにとどまらず、ビンfoodに関わるすべての人たちの顔が見えることも大切にしているといいます。

「少人数で丁寧に手づくりしているため量産はできません。でもその代わりに、たくさんの思いを込めてつくっています」

実際に食べてみると、ビンfoodのガラスビンには、沖縄の「おいしい幸せ」が詰まっていました。

おいしさと安心感を ビンに詰めて

飯塚 のぞみさん ビン詰め食品

東京都生まれ。10数年前から沖縄で暮らし、2011年に加藤恵子さんと一緒に安心して食べられる、安全なビン詰め食品を企画・製造・販売する工房をオープン。食材はもちろん、つくり手の顔が見える食品づくりにこだわって、日々ビン詰め食品をつくっている。

"Kohama island"

大将の二輪旅記録

journey on two wheels

3年前の年末に、八重山諸島の小浜島を訪れた。目的は、バイクツーリング。NHK連続テレビ小説「ちゅらさん」で有名な島はとても小さく、自転車でも回れる程だが、レンタルバイクがある限り旅先で乗らなくてどうする！と意気込むのがバイク馬鹿の本筋ではないかと（勝手に）日頃から思っている。まぁ、さすがにマイ・ヘルメットまでは持参しなかったが。

東京の羽田から石垣島までの直行便で約2100キロ、3時間のフライト。そして空港から各離島を結ぶ石垣港離島ターミナルまでは、待ち時間を入れて1時間弱。トビウオの様に海を疾走する高速船に乗車すれば約25分で小浜島に到着する。

小さな港に降り立つと、観光客よりも石垣に買物へ行っていた島民が多いように見えた。そうか、ここは八重山諸島。正月といえば旧正月のことで、年末に帰島する人は少数なのか。しかもこの島は人口が600人足らず、その多くが2つの大型リゾート施設で働いているのだと言うから、普段から昼間の人影が少ないのかも知れない。

小浜島を照らす午後の太陽は、真冬とは思えない強烈な陽射しだ。気温がグングン上がってゆくが風が心地いいので不快じゃない。レンタルバイクを借りて乗り出すも、とても暑くて冬物のジャンパーなど着てはいられない。普段は決してTシャツでバイクに乗らないが、借りたのが小さなスクーターということもあり、部屋に上着を置いてから、普段よりやさしくアクセルを捻ることにした。

誰もいない。小浜島には路線バスもタクシーもない。走り出すと浜風とさとうきびの擦れる音しかしない。見えるのは遠くの畑の軽トラックだけだ。リゾート施設の手前を右折して、真直ぐ延びる〝シュガーロード〟を走る。先にある有名な一本松は、明和の地震で襲った大津波に耐えたという銘木。先の集落を抜け、島の反対にある細崎を目指すと、真近に見える西表島は小浜島とは反対に荒々しい男性的な表情をしている。

唯一の山と思われる、標高99mの大岳（うふだき）に登り、北半球最大のアオサンゴ礁を眺めながら、石垣の離島ターミナルで買ったスパムのおにぎりとさんぴん茶で軽い昼食を済ませても、ここは小浜島。予定を決めずに島内中を走り回ったが、2時間も掛からずに1周の旅を終えてしまった。

信号もない、わずか一周17キロほどの静かな島。さとうきびの上に咲くふさふさの花を見つめつつ、年の瀬に真夏ツーリングというのもまた一興。夜、集落の中にある居酒屋で呑んだ泡盛もまた格別だった。

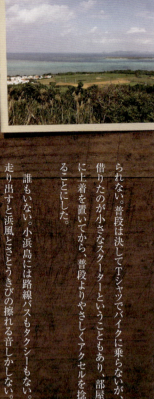

スズカの

神サマ仏サマ

Profile
口羽 涼香　くちば すずか
グラフィックデザイナー
大阪府生まれ。古の時を経てなお美しい仏像を求めて国内外の寺社巡りを生涯の楽しみとし、訪れた神社仏閣は数知れず。心うばわれる仏像探訪は明日もまた続く。

其の伍 小田原山浄瑠璃寺

ここにしか無いお堂

京都府南部に位置する木津川市にある真言律宗小田原山浄瑠璃寺。個人的に一番居心地のよい広さのお寺である。山門に続く細い参道の風情もよい。京都とはいえ文化圏は奈良という感じの土地で、実際も奈良側からのアクセスがスムーズ。永承2年（1047年）義明《ぎめい》上人により本堂が建立され、寺名は創建当時の御本尊、薬師如来（三重塔（国宝）内）がCEOの瑠璃光浄土「東方浄瑠璃世界」に由来。浄瑠璃といえば「人形浄瑠璃」を思い浮かべる方も多いと思うが、仏教用語では清浄で透明な瑠璃（青金石）、つまり清浄なものの例えである。「九体《くたい》阿弥陀堂（国宝）」＝本堂に九体の阿弥陀如来（国宝）を安置していることから通称「九体寺」とも呼ばれている。九体阿弥陀堂で現存しているのは浄瑠璃寺のみでとても貴重だがここは他に、木造四天王立像（国宝）（広目天は東博、多聞天は京博に寄託）と美人で有名な鎌倉時代の秘仏木造吉祥天立像がいらっしゃる（もともとヒンズー教の女神であるラクシュミーが仏教に取り入れられたもの。毘沙門天の嫁もしくは妹で、母親は鬼子母神とされる。写真家の土門拳が「日本一の美人である」と評したらしい。仏友も超お気に入り）。毎年、一月と春、秋は公開されます。

境内の宝池を中心とした浄土式庭園は本堂側（西）が彼岸、三重塔側（東）が此岸で、例えるなら池が三途の川。関西花の寺第十六番でもあり春は山門の馬酔木《あしび》で有名だが、この庭園は秋が一番美しいと思う。池越しに見る本堂は趣があり、さすが平安時代の遺構である。雪が降っている風景も一度見てみたいものだ。

やたらと目に付くのがお堂の周りの猫たち。お堂の縁側で昼寝している猫を羨ましく思った（私も猫になりたい）記憶があるが、同時に池の周りがほぼ三脚で囲まれていたのも覚えている。せっかく春や秋の美しい風景を見たいのに、どこを見てもアマチュアカメラマンが三脚を立てて並んでいるのだ。ベストアングルを求め、お互いが退くのを待ち構えて、引くに引けないでいつまでもそこにいる（おっさん邪魔、と脳内突っ込み）から、通行の妨げにもなる。現在三脚撮影が禁止になった理由のひとつがこれであろう。

そして随分前のことだが、このお寺は親友が仏像恐怖症を克服した場所でもある。親友も仏友たちと一緒に出かけることは多かったが、親友は堂内には入ろうとせず「気を吸い取られそうで怖い」と、外で写真ばかり撮っていた。その時も堂内には入らないと思っていたのだけれど（九尊もいらしゃるし）、気が付くと堂内でチーンと正座して阿弥陀様をじーっと見ているではないか。阿弥陀様の顔に何かついているのか（失礼か）、阿弥陀様に治療されたのか？ いや、メディカル担当は薬師如来だけども…。まぁ、どちらでもよいが、とにかく驚きの出来事だった。

さて、今回のプチネタ。浄瑠璃寺の帰りに通りがかった食事処の入口には気になる貼紙があった。

『幻の舞茸あります』

舞茸など、どこのスーパーでも売っているが、この辺りでは舞茸が幻なのか、それとも稀少品種なのか？ 郊外や山中のお寺に出かけた時に必ず食べるのは山菜うどんと決めているのだが、妙に気になってしまい、とにかく興味本位で舞茸の天ぷら蕎麦を注文した。

味の記憶は内緒ですよ。

amco culture & journey

mail order

ここは、日本各地の「暮らしを旅する」お店です

全国を旅しながら、仕入れる。
そんなアムコ カルチャー&ジャーニーの商品が
ネットでお買い求めいただけるようになりました。

通販サイトでは、本誌掲載品以外にも多数商品をご紹介しています　どうぞごゆっくりご覧ください。

www.amco-shop.jp

店舗 アムコ カルチャー&ジャーニー
東京都中央区日本橋馬喰町2-3-3　zip. 103-0002
営業時間 12-19時　日月祝休(仕入れ等による不定休日あり)　電話 050-3344-1399　メール store@amco-cj.jp

ご注意:作家の作品は全て手仕事でつくられております。釉薬のムラや抜け、石はぜ、色味、柄の濃淡、仕上がりサイズなど、一つひとつ表情が異なりますが、お使いいただくことに問題はございません。何卒ご理解のうえ、他にはないただひとつだけの味わいをお楽しみください。
本誌掲載品は店頭でも同時に販売しておりますので完売する場合がございます。不明な点がございましたらお気軽にお問い合わせください。

＊本誌掲載の価格は全て税別価格(消費税、送料別途)となります。材料費の変動などにより価格が変わる場合がございます。
(2015年3月20日現在)

[染付片口入れ子] ＊ 壱岐幸二 _ 沖縄

小3,500円+税／中4,500円+税／大5,500円+税
φ140（162）×h68mm / φ158（185）×h78mm / φ188(215)×h88mm

19世紀のマカイ碗の造形美に魅せられた壹岐幸二さんは
「琉球時代の焼物文化をいまにつなげていきたい」という思いで
白化粧に鮮やかなコバルトの染付けを施した器をつくり続けています
日常の食卓で使いやすいサイズや厚みなどへのこだわりはもちろん
大胆さと繊細さの調和が心地よい器です

[アンティークのペン軸] ＊ 古物 _ 日本

1,000円+税より
全長 約150mm〜（ペン先含まず）

ボールペンがまだ存在しなかった時代、ガラスペンや金ペンのペン先を
ペン軸に取り付け、インキ壺に浸けて書く、というのが当たり前でした
浸けて書くという行為が墨と筆の関係性と同じで
どこか奥ゆかしさを感じます
味わい深い筆跡と書く感触も魅力のひとつ

[古材　試験管付き花器] ＊ 今井茂淑 _ 千葉

左 3,800円+税／中・右 3,000円+税
w70×d40×h80mm／w118×d25×h48mm ／w105×d36×h22mm

「古い家具や農具といった時を経たものと向き合っていると
昔の職人の仕事の奥深さや素材の特性が良く見えるんですよ」と語る
今井茂淑さん。家具や建具など一つの役割を終えた古材が
その手によって再び息を吹き込まれ花器に生まれ変わりました

[招き猫] ＊ 長浜人形 _ 島根

3,500円+税
約w90×d110×h170〜180mm

島根県西部、石見地方に江戸時代から伝わる長浜人形
地元石州産の良質な粘土を型に流し込んで素焼きし、彩色した
大らかな仕上がりの土人形。神楽面職人の手掛けた
その表情はすべて違い、どこかユーモラスで印象的
アムコのロングセラーです

[醤油挿し] ＊ タナカ マナブ _ 福井

3,800円+税
サイズの目安 φ30×h70mm〜 容量の目安 40cc
※8分目くらいまでの容量でご使用ください

建築の世界から陶芸家へ転身したタナカマナブさんの作風は
シャープで洗練されたシルエットが印象的
コンパクトな醤油さしは、キレが良くしかも液垂れしにくい
使う分だけを入れて食卓へどうぞ

前田 義生：大将
生まれも育ちも京都のグラフィックデザイナー。茶道の家元付教授だった祖母に幼少期から小難しく育てられる。2012年に東京日本橋に雑貨/ギャラリー「アムコ カルチャー&ジャーニー」を開店。受賞歴：ドイツ国際カレンダー展、ADC、TCC、JTA他。趣味は古物修理の他、バイクの草レースや全国各地をバイクでキャンプするなど。

瀬上 昌子：姉御
生まれも育ちも島根の編集&ライター。株式会社フェリシモにて商品企画などに携わる。編集に興味を抱いて退社し、広告デザイン制作プロダクションへ。様々な編集物や企業広告の制作に携わり、アムコ カルチャー&ジャーニーの店主としても奮闘中。築40年のマンションをリフォームし、蒐集する古道具や器、ベランダの緑に囲まれて暮らす。

私小説『RND_輪土』rindo
第六話　うちなーへの旅_沖縄

2015年3月31日 第一刷発行
ISBN 978-4-907071-04-2　C0026 880E
Printed in Japan

編　著　：前田 義生
　　　　　瀬上 昌子

デザイン：株式会社スクーデリア（口羽 涼香）
写　真　：前田 義生

発　行　：株式会社スクーデリア / スクーデリアブックス
103-0002　東京都中央区日本橋馬喰町2-3-3 3階
03-5649-0557　www.scuderiainc.com

販　売　：アムコ カルチャー&ジャーニー
103-0002　東京都中央区日本橋馬喰町2-3-3 1階
050-3344-1399　store@amco-cj.jp
販売管理　水杉 江里

本書に掲載の商品価格は、全て消費税別の本体価格です。
掲載情報は2015年3月時点のものです。
内容が変更になる場合があります。

私小説【RND_輪土】

輪土の輪は、コロコロ転がる人の輪
さまざまな土地の、人の、モノの、コトの輪をつないで
車輪で土を蹴りながら旅する冊子です

わたしたちは
明日もコロコロ転がりながら
各地の暮らしを旅し続けます

私小説『RND_輪土』を置いてくださる
お店を募集しています
詳しくはウェブサイトをご覧ください
www.amco-cj.jp

参考文献：『沖縄文化論－忘れられた日本』岡本太郎 著（中公文庫）/『手仕事の日本』柳宗悦 著（岩波文庫）/『沖縄生活誌』高良勉 著（岩波新書）/『沖縄 暮らしのしきたり読本 御願・行事編』比嘉淳子+チームくがに 編著（双葉社）/『皇位・トートーメー継承の理論と実際』又吉正治 著（編集工房 東洋企画）/『モモト vol.1/vol.10』モモト編集部（編集工房 東洋企画）/『百年の食卓』アイデアにんべん 編著（手手編集室）/『あたらしい沖縄旅行』セソコマサユキ 著（WAVE出版）/『琉球新報社が伝える 沖縄の「論理」と「肝心」』琉球新報社論説委員会 編著（高文研）/『沖縄言葉ちょっといい話』藤木勇人 著（双葉社）/『まちぐゎー散歩』（100シリーズ出版プロジェクト）/『共同店ものがたり』宮城能彦 監修（伽楽可楽）

special thanks：吉本家の皆さん、宮國家の皆さん、照屋くん、末吉先生、そして沖縄で出会った全ての方々に心より感謝申し上げます